文化の居場所のつくり方

久留米シティプラザからの地方創生

久留米シティプラザ記念誌編集チーム 編集
槻橋 修 監修

誠文堂新光社

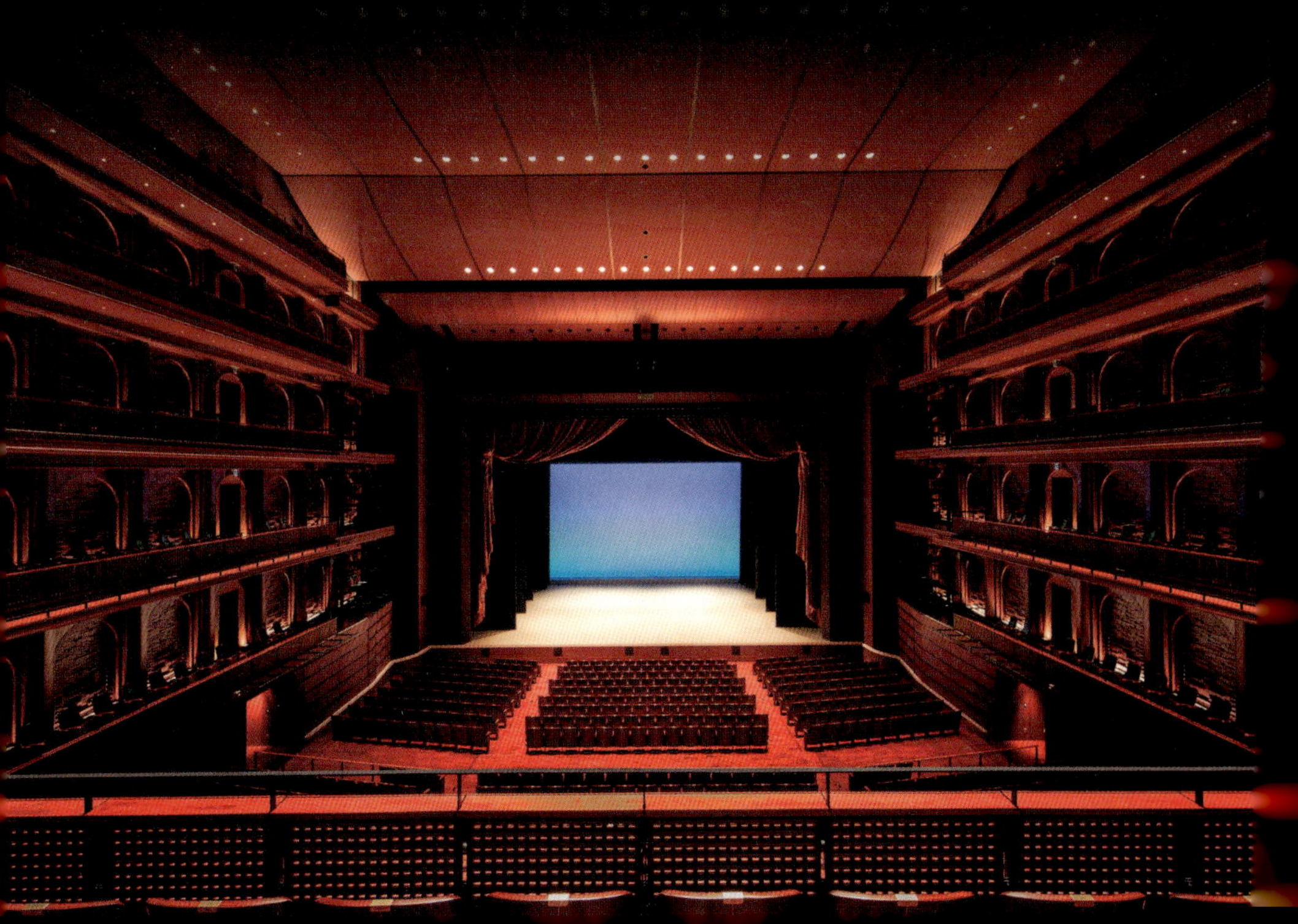

50
六ツ門
50

久留米シティプラザ
専用

Dreams FM 76.5MHz

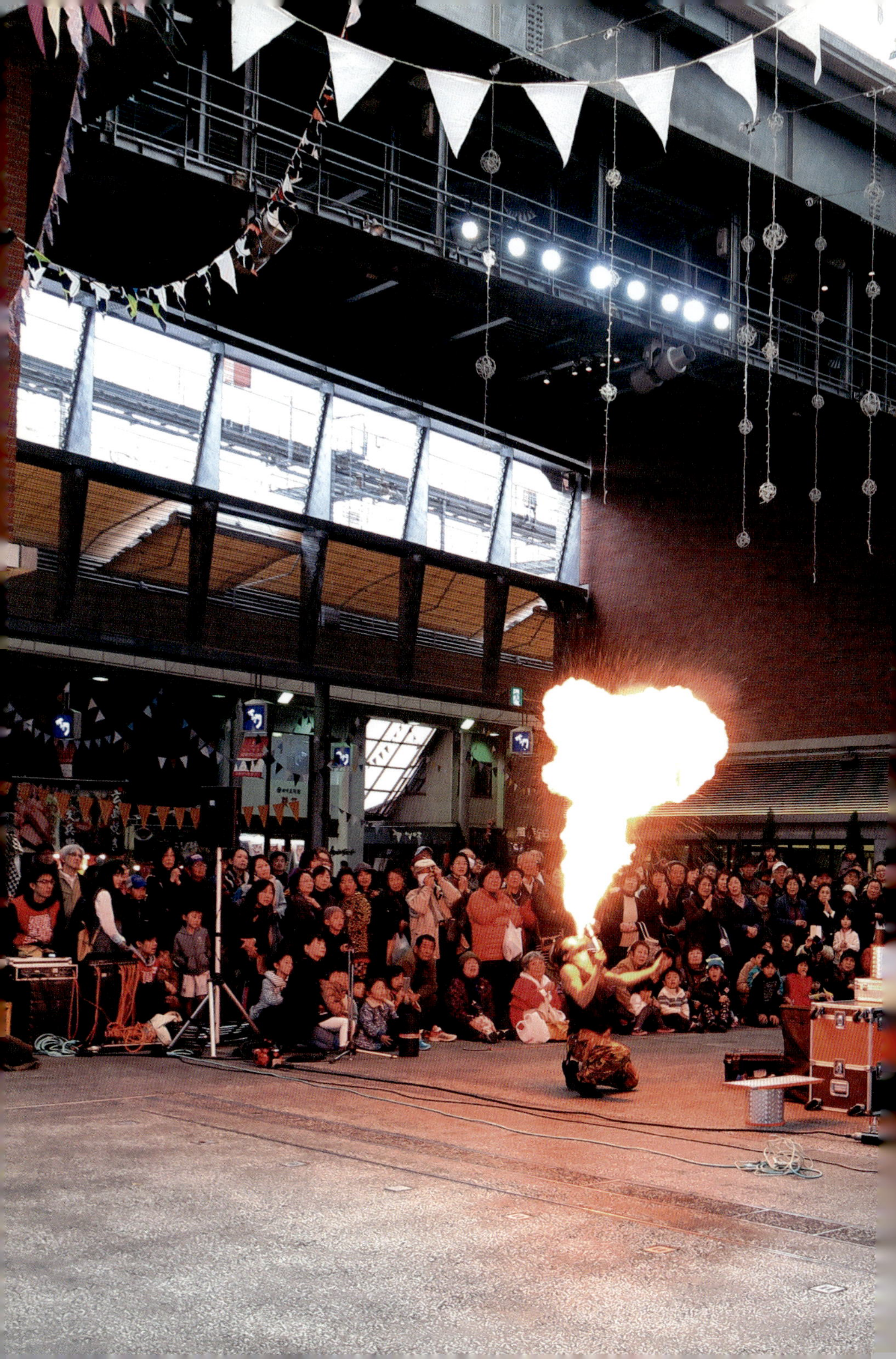

はじめに

久留米シティプラザは、福岡県久留米市の中心市街地に建設された文化・交流の拠点施設です。老朽化した久留米市民会館に替る文化施設としての機能、医療や企業・団体等の発展・交流を促進するためのコンベンション施設としての機能、そして、中心市街地に活力をもたらす中核的施設としての機能を併せもった施設として、「賑わいと憩いが調和する『文化』・『活力』創造空間」を基本理念に整備が進められました。そこでは従来の公共ホールが地域の文化芸術振興に果たしてきた役割はもちろん、「劇場法」が期待する「新しい広場」としての機能（「地域コミュニティの創造と再生を通じて、地域の発展を支える」機能）を踏まえ、地域等と連携したまちの賑わいや広域的な交流を視点とした事業や活動を行っていくことで、人と地域を元気にする拠点となることが意識されています。その意味で、舞台芸術をはじめとする芸術文化とともに生活文化、観光交流など人々の多様で広範にわたる創造的な活動と機能の拠り所として、これからの文化施設としての新しい成功を目指している、挑戦的な取り組みです。次世代まちなか文化施設のモデルとなるような「文化と賑わいの居場所づくり」の可能性を久留米シティプラザに見ていきたいと思います。

２０１7年3月
久留米シティプラザ記念誌編集チーム

もくじ

コラム

フォト・インタビュー

第1章

久留米シティプラザとは何か

久留米シティプラザは、
人とまちを元気にするための拠点施設であり、
劇場法が謳う地域発展を支える機能としての
「新しい広場」である。
まずはこの施設が誕生する経緯と
そこに込められた想いに耳を傾ける。

インタビュー❶

久留米シティプラザの挑戦

久留米市長　楢原利則

久留米市は人口約30万人の福岡県南の中核都市。日本全国で地方創生、定住促進が叫ばれるなか、地域のさまざまな課題に取り組む拠点として文化・交流の拠点施設を都心に建設するという思い切った施策が実行され、2016（平成28）年4月、久留米シティプラザがオープンを果たした。市街地の中心に新しく生まれたこの大型公共施設はどのようなコンセプトで整備されたのか。開館1年を迎えようとする楢原利則市長にうかがった。

久留米市長　楢原利則（ならはら　としのり）
1971年、久留米市役所入所。2000年環境部長、2003年総務部長、2007年副市長を歴任し、2010年2月より現職。現在2期目

2016年4月27日、久留米シティプラザテープカットセレモニー

――久留米シティプラザが4月27日にオープンしました。久留米の中心市街地に2つの街区にわたって建設された大変大規模な施設で、久留米の都心に新しい活力を生む場所になることが期待されています。久留米シティプラザの位置づけについて楢原市長のお考えをお聞かせください。

楢原　２０１２（平成24）年2月に改訂した「市政運営方針【中期ビジョン】」において提示しているのですが、現在の久留米市は、厳しい地域環境と激変する社会経済状況のなかで、福岡県南の中核都市として今後も発展し、市民の皆様に誇りと愛着をもっていただけるような「住み続けたい都市」でいられるのか、また、市外の方からも「住んでみたい」と思われる魅力ある都市でいられるのか、大きな転換期を迎えています。こうした転換期における市政運営にあたっては、直面する地域課題等に的確に対応していくと同時に、あらためて中長期的な視点をもってまちづくりに取り組んでいくことが大切だと考えています。２０１１（平成23）年3月に迎えた九州新幹線の全線開業（博多―鹿児島中央間）は、久留米市にとって、２００５（平成17）年2月の広域合併（田主丸町、北野町、城島町、三潴町と合併）、２００８（平成20）年4月の中核市移行（県庁所在市以外で九州初）に続き、都市のポテンシャル

広域交流促進の拠点として学会等のコンベンションの誘致を積極的に行っている

が高まる最大の好機であるとともに、都市間競争時代の本当の幕開けとなりました。そうしたなかで、久留米シティプラザは10年後、20年後の久留米市の発展・向上を見据え、県南の中核都市である久留米を象徴する施設としたい、このような想いから計画を進めました。

つまり、県南の中核都市・久留米市のランドマーク施設として「文化芸術振興の拠点機能」「コンベンションなどの広域交流促進の拠点機能」「まちなかの賑わい交流機能」、さらには「魅力ある商業機能」を併せもった複合施設として整備したわけです。

久留米シティプラザは、単に箱物でなく、将来を担う子どもたちの創造性を育み、大人にとっても新しい自分や可能性を発見できる場、また、さまざまな人々が交流し良質な刺激を与え合うような都市型の交流の場です。商店街や文化団体、地域や市民の方などと協力しながら「文化」「交流」「活力」の創造の場を築き上げ、本当に豊かで活力ある地域社会を実現したいと考えています。

2016（平成28）年4月に無事にオープンを迎えることができ、開館以降大変多くの方にさまざまな目的でご使用いただいており、まずは良いスタートが切れたと思っています。

――久留米シティプラザは、久留米市民会館（故菊竹清訓氏設計1969（昭和44）年開館）に替る施設として計画されたものですが、久留米市にとっての文化施設の使命とは何でしょうか。

楢原 2016（平成28）年7月31日に閉館した久留米市民会館は、建築後50年近くが経過しており、施設や設備の老朽化が著しく、修繕しながら維持していました。久留米シティプラザはそれに替るだけでなく、劇場法が掲げる、新たな文化芸術振興の拠点です。多くの市民の皆様が身近に文化芸術に触れ、活動することができるといった市民サービスの向上、久留米市独自の文化芸術の創造、そして将来の久留米市を担う感性と創造性にあふれた子どもたちの育成にとって、極めて重要な施設であると位置づけております。

文化や芸術は、人々の心に安らぎや楽しみを与えるとともに、人々を惹きつけ、都市に発展と活力をもたらすものだと思います。久留米は古くから文化的土壌を豊かに有する土地柄であり、これまでも文化的で心豊かな市民生活の実現に向け、文化芸術の振興に努めてきました。なかでも市民の皆さんが一流の文化芸術に触れる場、そして市民の皆さんご自身が文化芸術活動に参加する場としての中核施設は、心豊かな市民生活と都市の発展に不可欠の要素です。また、久留米市民はもとより、県南地域の方々に、より質の高い文化芸術に触れる機会をご提供することが、県南の中核市としての久留米市の役割だと考えています。

――久留米シティプラザは文化芸術のための拠点であると同時にもうひとつの役割、広域交流と賑わい交流の拠点という戦略的な役割もあるのですね。

楢原 そうです。九州新幹線の全線開業に伴って都市間競争は今まで以上に激化しています。県南の中核都市として、また九州新幹線沿線の代表的な都市として、久留米市が持続的に発展していくためには、いかに広域的な求心力をつくり、賑わいや活力を創出できるかが、将来を左右する大きな課題なのです。このような課題を解決する方策として、広域的な人・もの・情報の交流を促すコンベンションなどの誘致を進めることは、極めて有効な手法であると考えています。

大規模なコンベンションの開催は九州各県や全国からの多くの来街者を生み、交流人口を拡大させます。参加者の宿泊、飲食、レセプションの開催など、幅広い産業

六角堂広場に登場した「まちなか遊園地」

分野へ経済波及効果をもたらします。さらに、久留米の名を冠した全国規模の大会が開催されれば、学術研究都市、医療都市である久留米市の認知度を大きく高め、イメージアップにつながるでしょう。このように、集客交流人口の拡大によって地域の活性化を図るためには、学会の大会や展示会などコンベンションを開催できる広域交流促進の拠点施設が必要不可欠だと考えました。

また、コンベンションを中心とした広域交流の推進と併せ、日常的な賑わい交流の促進も県南の中核都市として欠くことができない視点です。日常的に人と情報が行き交う場の創出や、魅力ある商業店舗の集積など、県南地域を中心とした人々やまちの元気を集め、発信することが、県南全体の浮揚や活性化のために必要だと考えています。

――開館した施設を実際にご覧になられて、例えば〈ザ・グランドホール〉や〈六角堂広場〉について、ご感想はいかがですか。

楢原 全国各地の有名なホールにも引けを取らない大変素晴らしい施設になったと思います。まず何と言っても〈ザ・グランドホール〉の音響性能が素晴らしいと好評をいただいております。開館以降、ウィーン・フィルハーモニー管弦楽団の公演や藤井フミヤさんのコンサート、NHK「新BS日本のうた」、舞台「娼年」などの自主事業や提携事業、多彩な市民公募事業にもご利用いただいております。和風の雰囲気を持った中ホール〈久留米座〉、多様に活用できる小ホール〈Cボックス〉など、どれもひと味違うこだわりをもったホールでありながら機能性も高いのです。

そしてもうひとつの核となるのは久留米シティプラザの主要な玄関口としての役割とまちの賑わい創出の役割も果たす全天候型の〈六角堂広場〉です。明治通りと六ツ門商店街（久留米ほとめき通り商店街）に面し、まちの回遊性の向上が期待できる広場であるだけでなく、全天候型の膜屋根に加えて照明や音響、せり上がり式の舞台など、イベントをサポートする機能も充実しています。また日常的な賑わいづくりとして、子どもさんを対象とした、KAPLAブロックや段ボール迷路などの「まちなか遊園地」、大人を対象とした、夕方から夜にかけての「まちなかビアホール」や「イブニング・バル」「まちなかシネマ」などにも取り組んでいます。

――久留米市における地方創生プラン、定住促進等の政策課題との関連をどのようにお考えでしょうか。

楢原　2014（平成26）年に、「まち・ひと・しごと創生法」が施行されましたが、その趣旨は、将来にわたって活力ある日本社会を維持するため、人口の減少に歯止めをかけるとともに、東京圏への過度の人口集中を是正し、それぞれの地域で住み良い環境を確保しようとするものです。各自治体が、一斉に地方創生に取り組むなかで、久留米市の魅力、特性を活かした「質と量が伴ったしごと」をつくり、「しごと」が「ひと」を呼び、「ひと」が「しごと」を呼び込む好循環をつくり出すことが重要な戦略テーマとなります。久留米市のキラリ創生総合戦略では、今後、目指すべき将来の方向性として、若い世代の仕事と生活の改善、人口流出対策、人口減少・超高齢社会への対応の3つを掲げています。

久留米シティプラザの活用に関して言えば、2点目の人口流出対策において、これからも久留米に住みたい、また、久留米に住んでみたいと思ってもらえるような久留米の都市の魅力を高める取り組みが重要です。

久留米シティプラザは、このキラリ創生総合戦略と時期を同じにして開館しました。これまでは、上質な公演を鑑賞するためには、市外に出向く必要がありましたが、これからは施設のもつ機能を最大限発揮させ、市内で一流の文化芸術に触れ合う機会を提供するなど久留米の都市の魅力を高めていきたいと考えています。

――久留米市における文化芸術を活かした今後のまちづくりに関して、市長はどのようにお考えでしょうか。

楢原 久留米市の将来を見据えた戦略的拠点施設である久留米シティプラザの開館、そして石橋美術館から久留米市美術館への運営移行と、２０１６（平成28）年は市政運営の重要テーマ「文化芸術を活かしたまちづくり」に向け、大きな節目を迎えた年となりました。

まず、久留米市美術館ですが、２０１４（平成26）年5月に、（公財）石橋財団から久留米市への運営移管を発表して以来、限られた期間のなかで、石橋財団をはじめとして多くの皆様のご支援とご協力を賜わり、２０１６（平成28）年11月に久留米市美術館として新たな門出を迎えました。今から60年前、石橋正二郎氏が郷里、久留米を「教養高く、豊かで住みよい、楽しい文化都市にしたい」と願われ、美術館を中核施設とした石橋文化センターを建設し久留米市に寄贈されました。今回の運営移行に際し、正二郎氏の想い、そして功績を、後世に引き継ぐ使命があると思っています。

そして久留米シティプラザは、「文化芸術によって市民や圏域の皆様の楽しみを創る」「久留米市に人の流れを創る」「まちなかの賑わいと活力を創る」という、大きな目的をもった戦略的な拠点施設です。この目的に合わせ、２０１６（平成28）年度は、まず、シティプラザを知っていただき、来ていただき、使っていただくことに重点を置き、年間を通じ、集客力がある事業を実施しています。特に、本年度の目玉事業であるウィーン・フィルハーモニー管弦楽団の公演では、市民の皆様に、一流の文化芸術に触れていただくとともに、指揮者のズービン・メータ氏から、ホール音響の素晴らしさに、絶賛のお言葉をいただきました。他にもさまざまな取り組みを開始し、中心市街地に新たな人の流れができるとともに、宿泊やお食事、お土産などの消費により、相当の経済波及効果も見込まれるようになってきています。今後は、開館からこれまでの取り組みを活かし、市民の皆様に多彩な芸術文化に触れる機会の提供、創作活動の支援、ＭＩＣＥ誘致の推進においては、アフターコンベンションの充実にも取り組んでいきます。

久留米シティプラザと久留米市美術館が、心豊かな市民生活と広域的な求心力の両輪となり、そのポテンシャルを十分発揮できるよう、最大限努力をしていきたいと思います。

〈ザ・グランドホール〉で行われたウィーン・フィルハーモニー管弦楽団の公演

久留米シティプラザに隣接する商店街で行われた「久留米たまがる大道芸」の様子。人々が集まり、賑わう

インタビュー❷

久留米シティプラザへの期待

久留米市議会議長　別府好幸

2011（平成23）年2月に発表された「（仮称）久留米市総合都市プラザ整備の方向性」において久留米市は「市民会館に替る新しい施設として、ホール機能とコンベンション機能を併せもった広域文化交流促進の中核施設が必要であり、久留米井筒屋（デパート）跡地を含む街区を中心とした六角堂広場も含めた場所に、2014（平成26）年度の完成を目指して整備する」という方針を示した。市民を代表する市議会は、この大きな変化についての発表に対し、どのようにそれを受け止め、ともに推進していくことになったのか。久留米市議会議長として、この計画の随行者としての役割を果たした別府好幸氏にうかがった。

久留米市議会議長　別府好幸（べっぷ　よしゆき）
建設常任委員会委員長、議会運営委員会委員長等の要職を歴任。2015 年より第49代久留米市議会議長。市議会議員4期目

――2011（平成23）年2月、楢原市長から「（仮称）久留米市総合都市プラザ整備の方向性」が発表されました。その際、別府さんご自身はまだ議長ではいらっしゃらなかったとのことですが、市議会ではこの計画についてどのように受け止められたのでしょうか。

別府 2011（平成23）年2月14日に市長から公式に発表がありました。予算の審議中とはいえ、その後に市議会議員の改選を控えておりましたもので、ちょっと驚いたというのが正直な印象です。一方で、今までにない大きな施設ということで、市としては一大事業になるわけですから、しっかりと受け止めなければいけないなとも思いました。

――背景には大きく3つの課題があったとうかがっております。市民会館の老朽化という課題。コンベンションを行える機会はあるが、場所が少ないという課題。久留米井筒屋跡地を含む中心市街地の活性化という課題。そして時期に関して、九州新幹線の開通というタイミングと合併特例債が活用できるという2つの機会が重なっていたこと。また、立地場所については、市民会館の跡地、中心市街地、石橋文化センター周辺という3つが候補地だったと聞いています。そのうち、中心市街地へと候補地が絞られていく過程では、議会ではスムーズに合意が取れたのでしょうか。

別府 2011（平成23）年4月に改選を控えるという若干の戸惑いがありながらのスタートだったものですから、予算審議後、この久留米シティプラザに関する予算については一旦保留として、新たに設置する総合都市プラザ特別委員会で協議させていただきたいとお願いしました。議会でも敷地に関してはいろいろなご意見が出ていましたが、最終的に中心市街地の方向に向いてきたのは、久留米井筒屋跡地の空洞化に伴って、中心市街地が穴の空いた状態にあることに関して、問題意識が共有されていて、議会としても取り組むべき重要課題であると考えたからです。商店街の活性化に関連して地元からも商工会議所からもそのようなご要望が議会に寄せられ、中心市街地に絞り込んでいくことになりました。ただし議員さん方もそれぞれさまざまな立場からのご意見がございましたので、議会としては意見を一致させるために特別委員会を設置して、委員会の意見を尊重するということで合意を得ました。

――久留米には非常に充実した文化施設をもつ石橋文化セン

ターがあり、老朽化していたとはいえ市民会館もあるなかで、より大きな文化施設をつくるということに関して、議会の皆さんも一歩大きく踏み出す感覚があったのではないかと思いますが、いかがでしたか。

別府 市民会館は、老朽化が進んでいるというのとは別に使い勝手の悪さが目立っていました。市民の方々に親しんでもらっていた反面、公演される方々からは、化粧室や着替える場所がないというようなご意見も頂戴していましたし、バリアフリー化の必要性もありました。思い出深い施設でございますけれど、古くなりすぎたという部分があったと思います。また久留米大学をはじめ日本一お医者さんが充実しているまちだと思っていますので、学会も含めて、いろいろな会議の場所をぜひとも確保したいというご要望も根強くございました。市民会館の延長で考えるのではなく、コンベンションのための活用も含めて構想する形になり、ましてや九州新幹線がつながった効果を市に導くためには久留米シティプラザが大きな起爆剤になるだろうということで、議会も力を入れていく方向になっていきました。ただし、慎重な審議を伴う局面もありました。2011（平成23）年12月には「白紙撤回を求める請願書」が委員会に出されました。

巨額の税金を使って建設する必要があるのかという点、老朽化した市民会館は改修すればいいじゃないかという意見、六角堂広場はまだ整備して10年ほどなのに本当に壊していいのか、というのが反対される方の主な理由でした。しかし、合併特例債は久留米市にとって有利な財源ですし、市民会館の老朽化でいずれは改修など資金の確保が必要になる。市民会館の機能にコンベンション機能を加えることへの期待と、そしてやはりシンボル的な場所でもある久留米井筒屋の跡地の存在は大きかった。一定の有利な財源があるなら活用するべきではないかと。お越しになる芸能人の方にとっても使いやすく、高齢者にも優しい施設を確保し、六角堂広場に関しては「残す」というよりも「充実を図る」。一年を通じて人と人が触れ合える場所ができそうだということが、計画を検討する過程で見えたので議会としても「賛成」することになりました。

——特別委員会を経て、実際に計画・設計・工事がはじまっていくわけですが、建設地から不発弾が見つかったり、全国的に労務費が高騰して建設費が上がるなど、行政や議会の皆さんにとってはご苦労もあったかと思いますが。

別府 議長としては「ご理解を得る」というのが大きな課題でした。費用が当初予定の155億から165億に増え、さらに国の通知によるインフレスライドで175億まで跳ね上がり、議会としてもなかなか難渋しました。市民の方にご了解いただくために議員として説明責任が出てきたわけですし、工期の延長まで生じたものですから。振り返ると、不発弾がスタートだったかなと思います。本当に誰も予期しておりませんでしたし、ましてや2発も見つかって驚きました。不発弾処理の際は、安全を期して住民の方に避難していただくことになり、大変ご迷惑をおかけすることになりました。工事が遅れるきっかけにもなった不発弾ですが、空襲の歴史を物語っている面もあり、市民の方に戦争の歴史をあらためて振り返っていただける機会になったと思います。そういう意味では、不発弾が2発出てきたことも記録にきちんと残して、そうして久留米シティプラザができたんだということをしっかりと認識していきたいですね。文化・芸術だけでなく、久留米の歴史的にも意義深い出来事だなと思っております。

——歴史をつなぐ場所として、非常に意味がありますね。もうひとつ、合併特例債ということで、合併した4町、県南あるいは九州北部という広域で、人が集まり、連携していく拠点となるという議論もされましたか。

別府 集客という点でひとつの中心的な存在になっていくだろうと思います。特に県南ではリーダーシップを発揮していかなくてはいけない。今回、近隣の市町で連携の協定も結びましたので、周辺からの期待も相当大きいものがあると感じています。近隣の市町のリーダーの皆さんにも内覧会に来ていただきましたが、素晴らしい施設であると同時に、ここに集客があれば近隣の市町にも相乗効果が期待できるのではないかと、久留米のエネルギーを感じていただけたと思います。

MICEなどで海外の方もたくさん来られますから、久留米の文化芸術の面にも触れていただきたい。そして同時にアフターコンベンションにも力を入れることで、この施設の価値をさらに高めて参りたいと思います。議員も久留米シティプラザのほうにどんどん飛び出して、市民と一緒になって、久留米のまちなかの賑わい、明治通りと一番街のつながりを充実させていきたいと思います。新たな〈六角堂広場〉で、子育て中のお母さんたちや若い人たちが集い、そこにお年寄りが見守ってくれているような関係づくりができたなら最高だと思います。

久留米シティプラザからの地方創生

都心に生み出された「文化の居場所」

2011（平成23）年2月14日、久留米市が発表した文書「（仮称）久留米市総合都市プラザ整備の方向性」によって産声をあげた大プロジェクトは5年後の2016（平成28）年4月、久留米シティプラザとして久留米市の中心街に姿を現した。

その計画の牽引役となった楢原利則市長、（仮称）久留米市総合都市プラザ調査特別委員会を設置し、建設の妥当性、立地場所の妥当性、〈六角堂広場〉との一体的整備の妥当性などについて議論し、市民の代表としてプロジェクトの一部始終を見守ってきた市議会の代表である別府好幸議長に、久留米シティプラザとは何か、それが生まれる背景、プロジェクトの過程で交わされた議論について話を聞いてきた。久留米シティプラザが巨大な整備費をかけてつくられた大きな建築物、あるいは新設の街区とも呼ぶべき施設であることには間違いないが、この施設と事業に託された夢と責任は、その施設規模以上に大きく、先進的とも言えるかもしれない。

久留米シティプラザのプロジェクトの先進性は次の2点において位置づけることができる。

まず、2012（平成24）年6月に施行された劇場法（劇場、音楽堂等の活性化に関する法律）に先んじて、公共ホールによる地域活性化、賑わい再生などをその役割として打ち出していることである。

> 現代社会においては、劇場、音楽堂等は、人々の共感と参加を得ることにより「新しい広場」として、地域コミュニティの創造と再生を通じて、地域の発展を支える機能も期待されている
>
> （「劇場、音楽堂等の活性化に関する法律」前文より抜粋）

次に、コンベンションなどMICEによる広域交流人口の拡大とともに地域振興を担う施設であるという点である。この2つの機能を併せもつ施設を空洞化した中心市街地の再開発の文脈で進めることは極めて挑戦的であり、先進的であると言える。従来、公共ホールなどの文化施設の機能的役割は市民の文化活動拠点や良質な文化芸術鑑賞機会の提供といった文化領域に閉じたものであったし、MICEの提供機能としてもMICE来訪者

への会議や宿泊等のサービス提供に限定されるものであった。文化施設としては駐車場確保の困難さ、MICE施設としては駅や空港からの接続が課題となって、中心市街地での立地の必要がなく、むしろ避けられる傾向が強かった。駅裏側の再開発や、低利用地の開発事例は見られるが、中心市街地のまさしくど真ん中での再生事例はなかった。一方で文化による集客という点から見ると、「金沢21世紀美術館」や「十和田現代美術館」など美術館による広域観光資源としての効果は認められてきたし、大都市においては民間事業者による劇場（三越劇場、パルコ劇場など）や美術館（セゾン美術館）などにおいては、文化施設によるシャワー効果なども評価されてきた。

こうした先進性を久留米シティプラザのDM（Destination Management）戦略として捉えるならば、芸術鑑賞を目的として久留米シティプラザを訪れた人々が施設周辺の中心市街地を回遊することが期待でき、MICEとして久留米シティプラザを利用した学会や会議が周辺地区や関連産業に波及効果をおよぼすことが期待できる。

地方都市の公共文化施設がこうした戦略のもとで推進されてきたという点で、久留米シティプラザというプロジェクトは画期的なコンセプトを伴って生み出されたのだと言える。楢原市長、別府議長のインタビューからは、空洞化した中心市街地を抱えた地方都市の立場を超えた切迫感が感じられるが、合併特例債という財政的な機会を活用してこの状況に挑戦的に取り組んでいくという久留米の姿が浮かび上がってくる。

地域の発展を支える「文化の居場所」とも言うべき久留米シティプラザ。中心市街地の真ん中に多重的なミッションを担い、その効果を期待される存在としての公共ホールはどのようにつくられたのか。次頁からは久留米シティプラザの理念および運営のコンセプトと施設の全体像を紹介し、開館までの流れを示す。さらに続く章では、このような施設がいかにして生まれたのか、具体的なプロセスに踏み込んでいく。

久留米シティプラザとは?

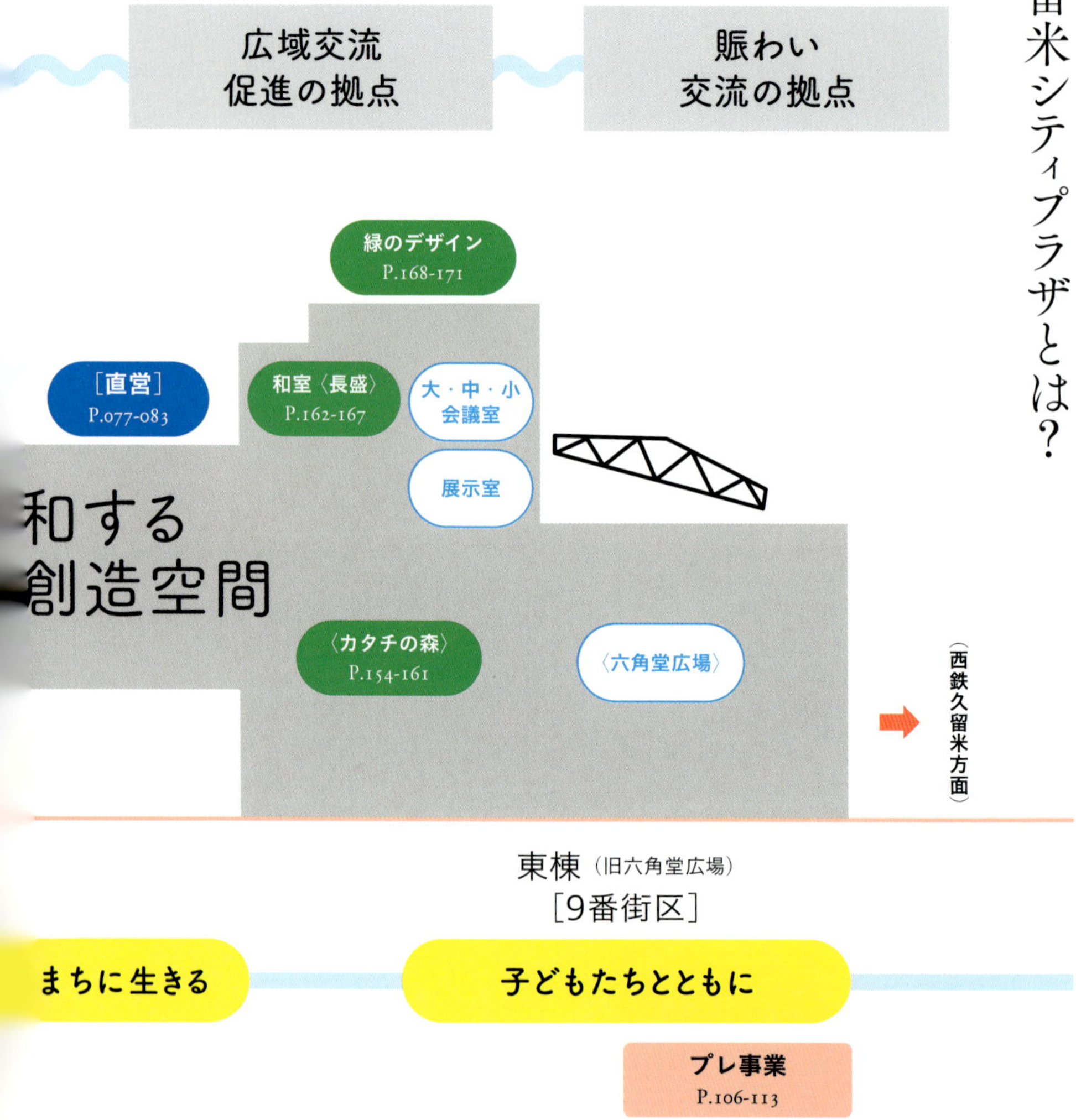

久留米シティプラザのコンセプトマップ

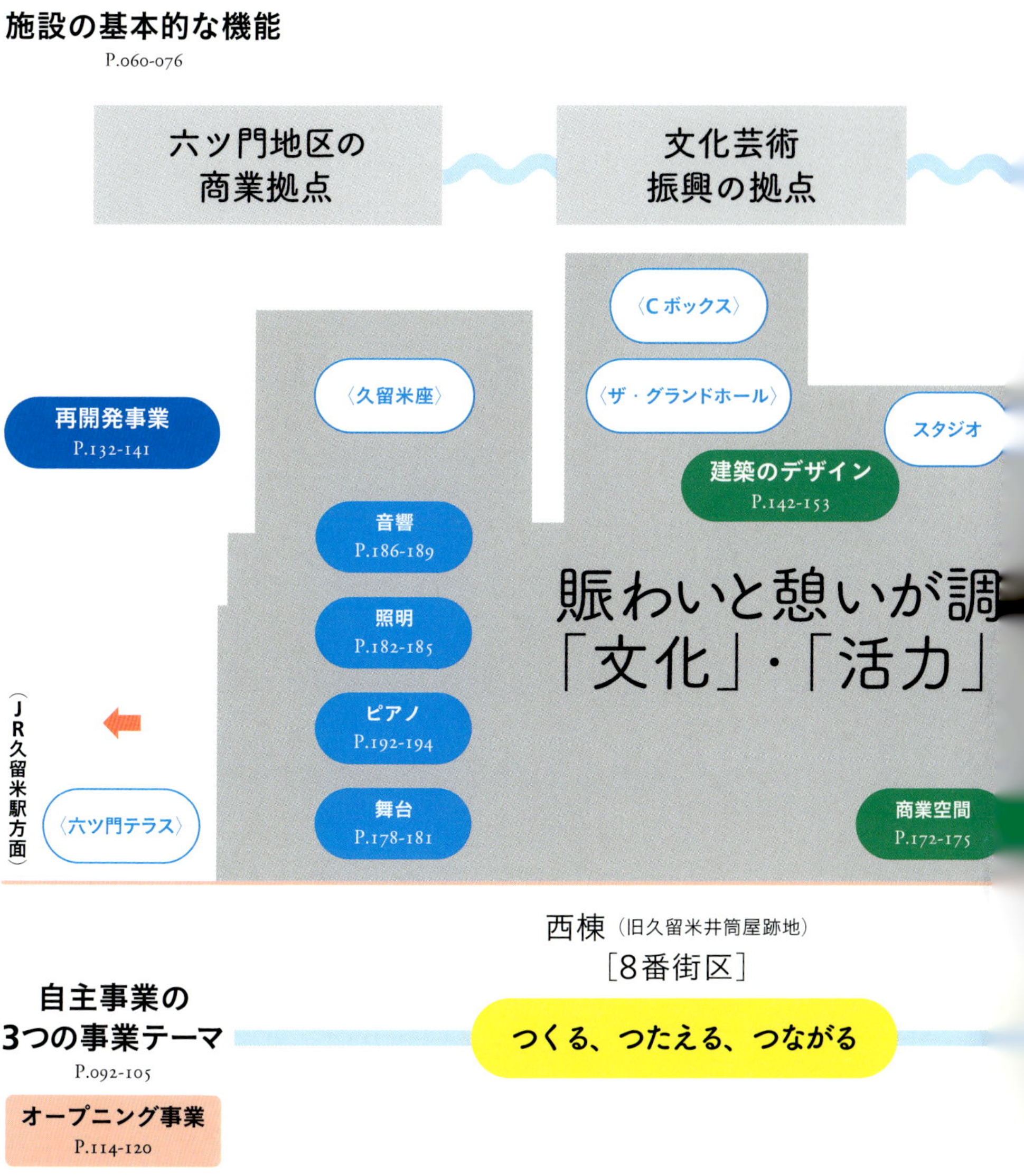

本書では、第１章～第４章にわたって「久留米シティプラザとは何か、久留米シティプラザに何ができるか」について、建物に込められた理念や運営していくためのコンセプトを軸に、細部までわかりやすく解説する。各章で登場する話題や概念を施設の姿図と併せてわかりやすく示したのがこのイラストマップである。

久留米というまちの中心広場（プラザ）

久留米シティプラザが立地する六ツ門エリアは、西のJR久留米駅、東の西鉄久留米駅をつなぐ都市軸の中心部に位置し、まさしく久留米市街地の中心である。また、古くから六ツ門エリアと西鉄久留米エリアを2つの核として、その間を800mのアーケード（久留米ほとめき通り商店街）が結ぶ中心商業軸“2核1モール”が形成されてきた。そのモールが西鉄久留米エリアから延びた先に〈六角堂広場〉をもつ久留米シティプラザが面する。まさしく久留米というまちの中心的な広場（プラザ）にふさわしい場所である。

久留米市役所より見る市街地

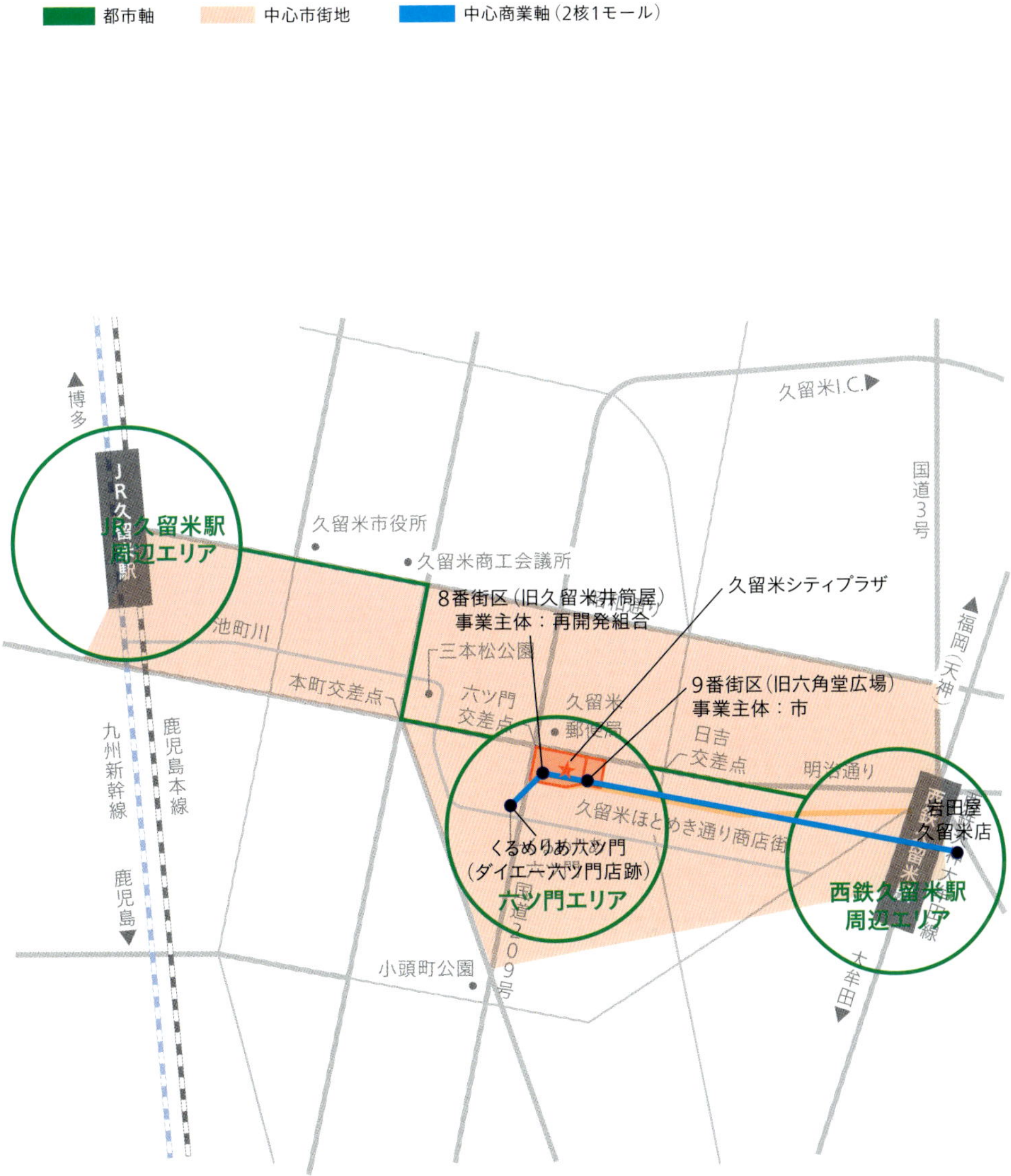
都市軸
中心市街地
中心商業軸（2核1モール）
久留米I.C.
博多
国道3号
JR久留米駅
JR久留米駅周辺エリア
久留米市役所
久留米商工会議所
8番街区（旧久留米井筒屋）
事業主体：再開発組合
久留米シティプラザ
池町川
三本松公園
福岡（天神）
本町交差点
六ツ門交差点
久留米郵便局
9番街区（旧六角堂広場）
事業主体：市
日吉交差点
明治通り
九州新幹線
鹿児島本線
久留米ほとめき通り商店街
岩田屋久留米店
くるめりあ六ツ門
（ダイエー六ツ門店跡）
六ツ門エリア
西鉄久留米駅周辺エリア
鹿児島
国道209号
小頭町公園
大牟田

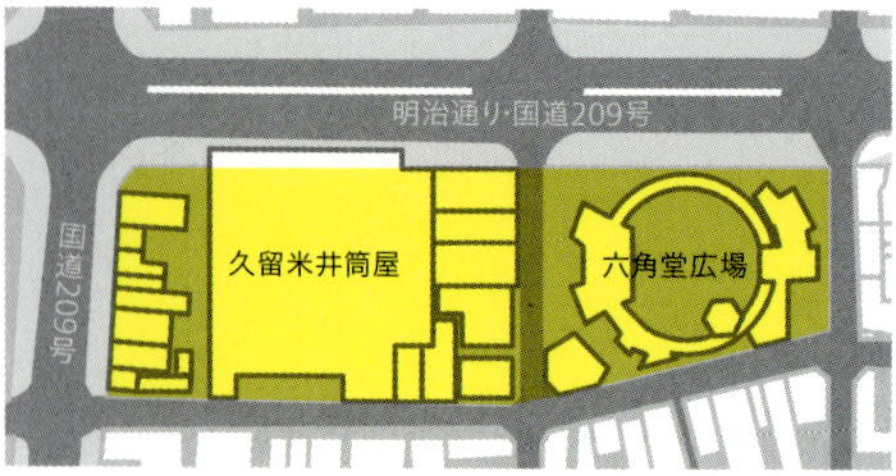

以前配置図

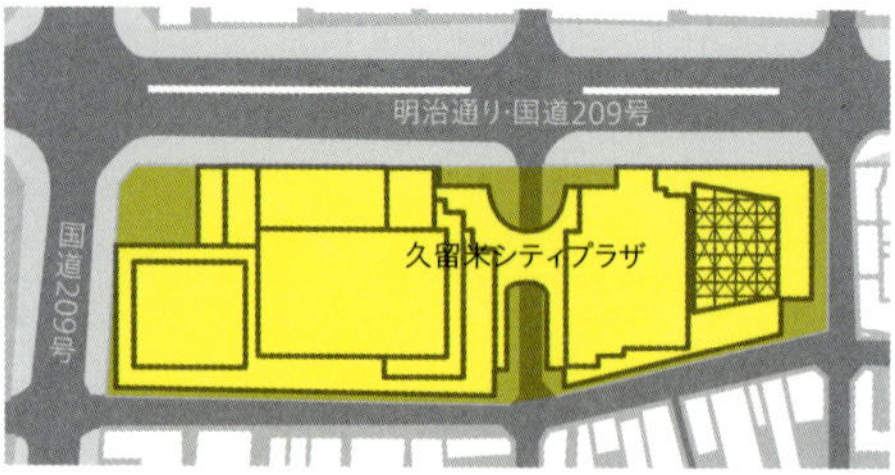

現在の配置図

久留米シティプラザの建物構成

久留米シティプラザは2つの街区：8番街区および9番街区にわたって建てられた文化・交流の施設である。建設以前の8番街区には旧久留米井筒屋（デパート）と30軒ほどの商店やビルが、9番街区には旧六角堂広場があった。ここに大中小3つのホール（〈ザ・グランドホール〉〈久留米座〉〈Cボックス〉）と3種の会議室、展示室、スタジオ、全天候型の〈六角堂広場〉、本格的な和室〈長盛〉、交流スペース〈カタチの森〉、さらに商業施設で構成された久留米シティプラザを建設。全館を活用したコンベンション利用も可能な施設となっている。

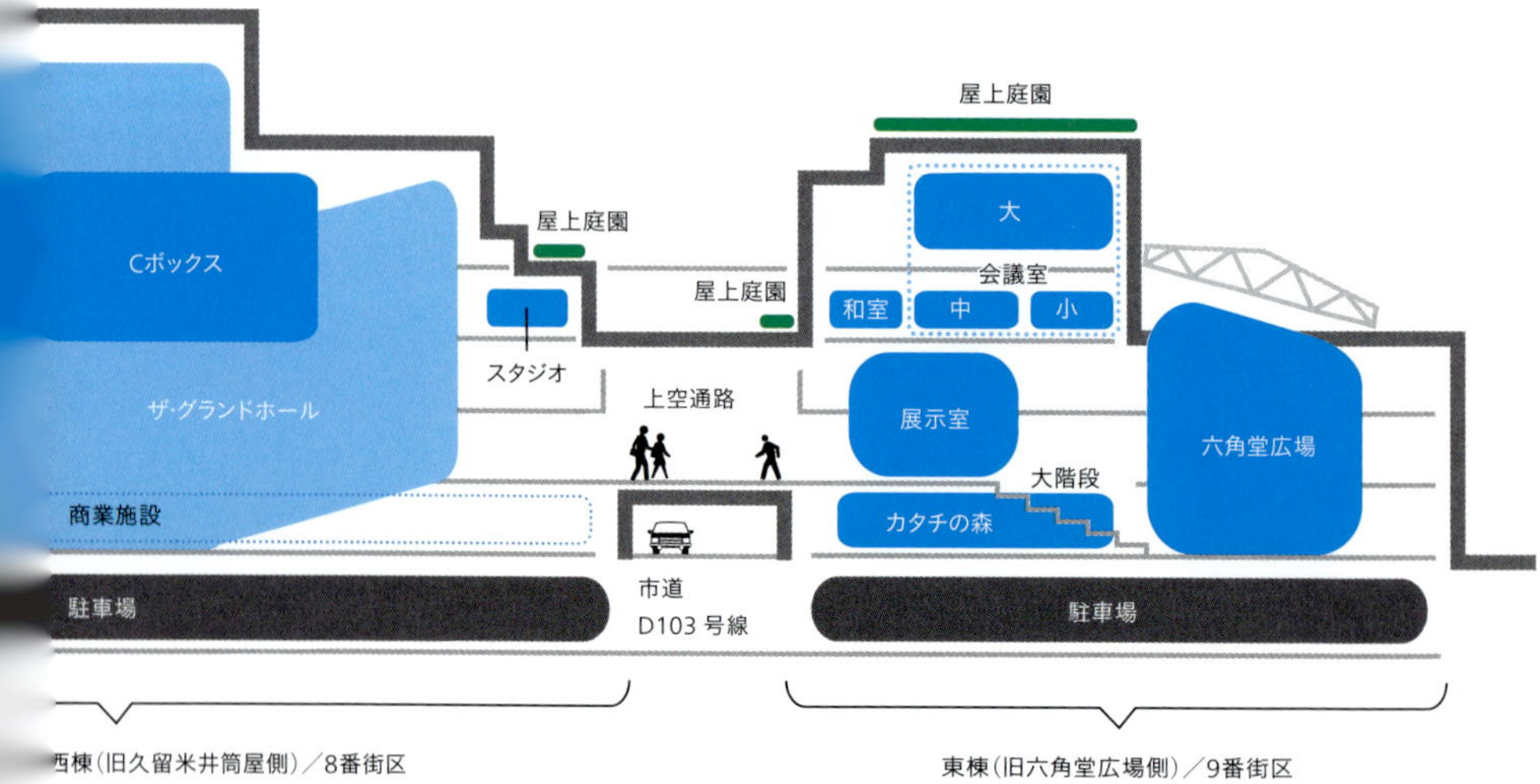

旧六角堂広場があった頃の9番街区

旧久留米井筒屋があった頃の8番街区

現在の久留米シティプラザ

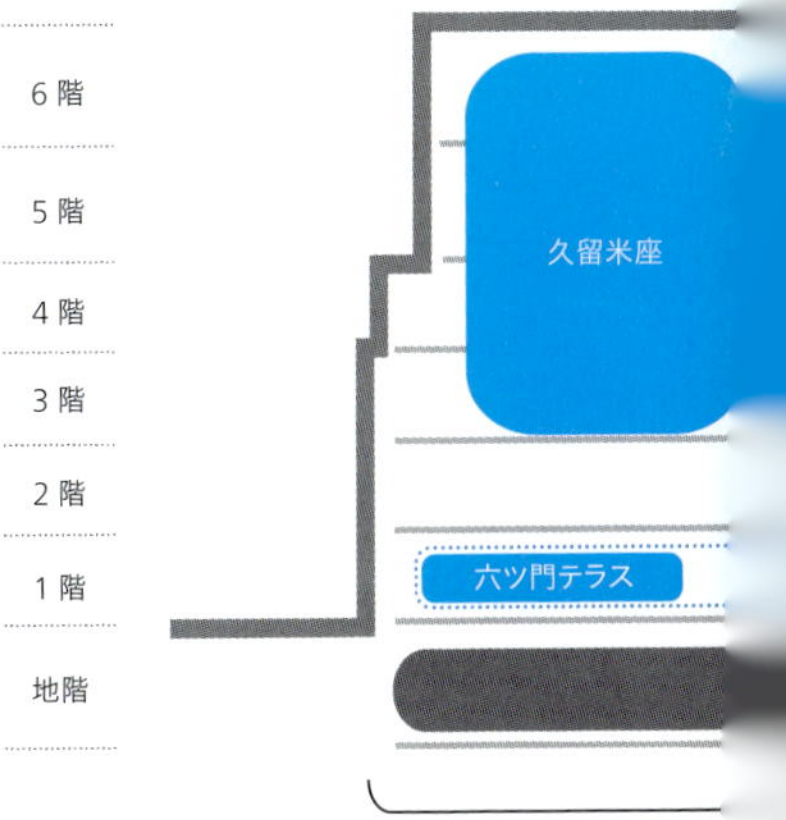

大ホール〈ザ・グランドホール〉

久留米シティプラザを代表する1,514席の大ホールで、優れた音響性能をもつ音楽を主目的とした多機能ホールである。オーケストラ・ピットや仮設花道など充実した舞台設備を備え、クラシックコンサートだけでなくオペラやミュージカル、歌舞伎などの上演、MICEの開催も可能。客席最後列と舞台の距離が約30mという近さで、演者との一体感が得られる空間となっている。

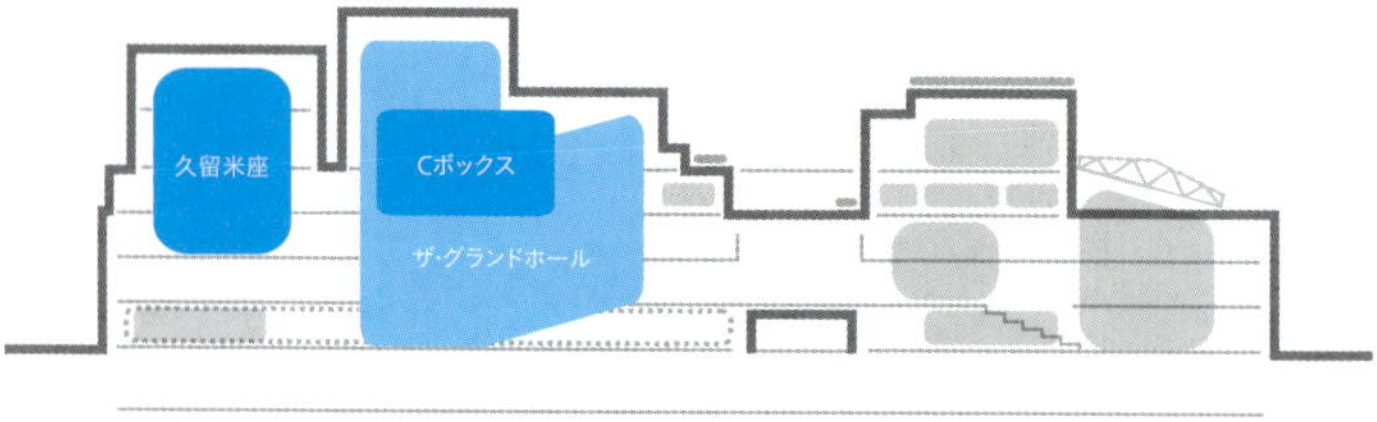

中ホール〈久留米座〉

照明、音響など充実した舞台設備をもつ399席の中劇場。演劇、舞踊、コンサートなどに適する。また、脇見所をもつ能舞台を設置することで、本格的な能楽を上演することもできる。1階客席の両脇にはゆったりと鑑賞することができる升席が備えられ、和風のしつらえで上質さと心地よさを感じる劇場。

小ホール〈Cボックス〉

144席の小ホールであるが、舞台や客席が可変式で、床の高さを調節することでさまざまな空間となるマルチスペースである。遮光カーテンで遮光して小さな劇場（ブラックボックス）として利用できるほか、カーテンを開ければ外光のそそぐ開放的な空間にもなる。演劇、ダンス、音楽の公演、展覧会やリハーサルなど使い方のバリエーションが豊富な施設。

〈六角堂広場〉

膜屋根をかけた全天候型の広場。人々で賑わうさまざまな催事会場や市民の憩いの場としての利用ができる半屋外空間である。商店街から直接出入りできることで、施設とまちなかに一体感を生み出し、大階段を上れば〈ザ・グランドホール〉のホワイエが視界に入ってくる。

賑わい交流施設〈カタチの森〉

アートユニット tupera tupera（ツペラツペラ）が内装デザインをプロデュースした楽しい憩いの空間。カフェ機能や授乳室、多目的トイレも設置して、子どもからお年寄りまでが集い、くつろぐことができる場となっている。商店街から直接アクセスできる誰もが気軽に立ち寄れるフリースペース。

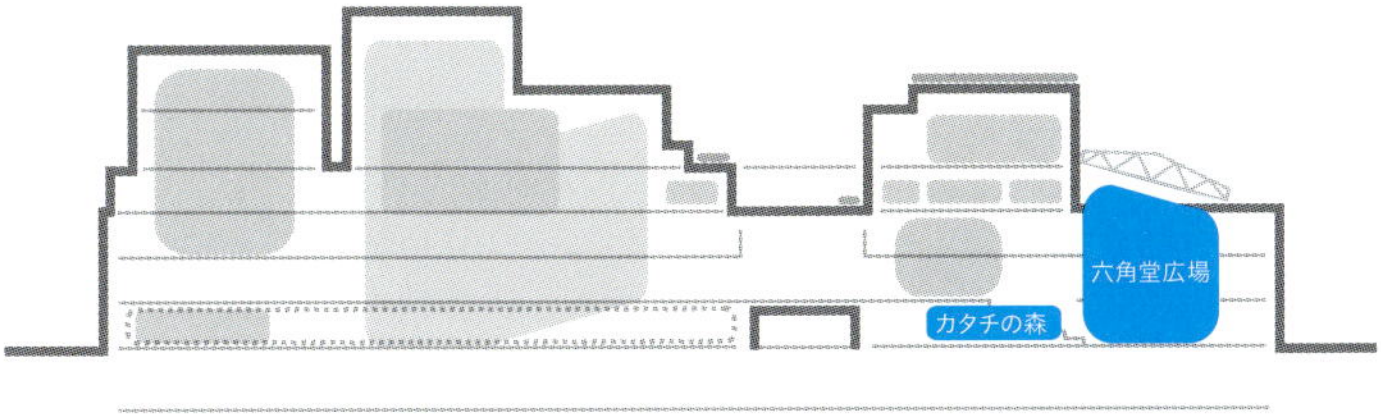

和室〈長盛〉

京間8畳を3室もち、ビルの中にありながら炭を使える炉を備え、茶事や茶会のできる格式高い和室。水屋や台所も備え、襖を取り外して畳敷の外廊下まで含めると30畳の大広間となり、日本文化のさまざまな催しに利用できる。外部には、趣のある露地庭もあつらえてある。

スタジオ

4室のスタジオを完備。音楽の練習に適した2室と演劇やダンスの練習に最適の広さをもつ2室からなる。窓の大きな明るい空間である上に防音性の高いつくりで、快適な練習環境を提供する。

会議室

サークル活動からコンベンション時の利用までさまざまな目的に合わせて活用できる大・中・小の会議室。それぞれがさらに３室に分割して使用できる。開口部が大きく、明るく開放的なつくりになっているのも特徴。

展示室

美術や書道などの展覧会や各種展示会、見本市などが開催できるスペース。広さと高さを活かした利用ができ、天井には照明や看板などを吊ることができるバトンが備えられていることで、さまざまな演出にも対応。さらに目的に合わせて３分割しての利用も可能。

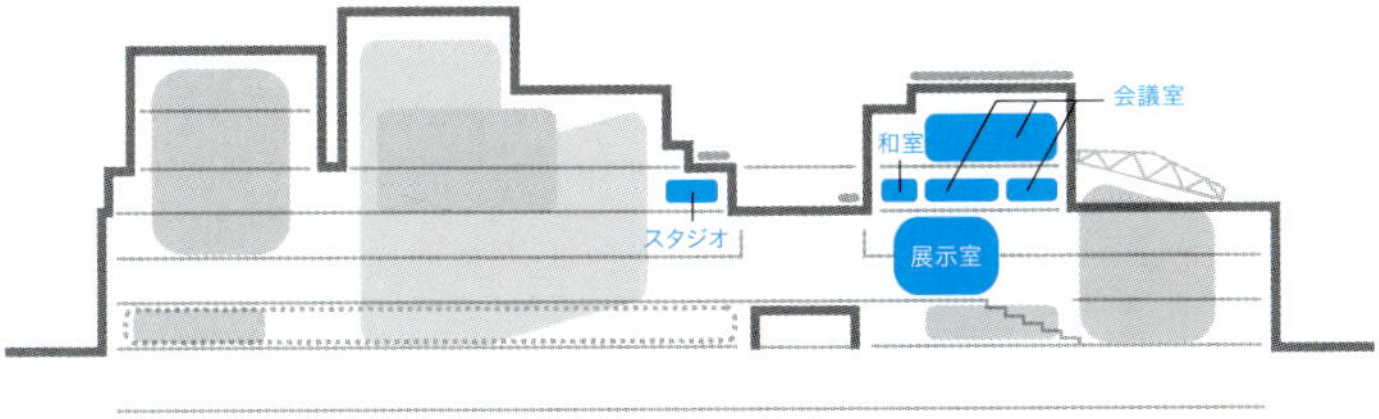

六ツ門テラス

久留米シティプラザの西側の出入り口にあたる部分を、来館者および行き交う人たちにとって快適で魅力的な空間となるよう整備。旧六角堂広場にあったシンボルツリーを中心に据え、緑に包まれた憩いと安らぎの場所として、テーブルやイス、ベンチを常設してオープンカフェとしての利用もできるスペース。

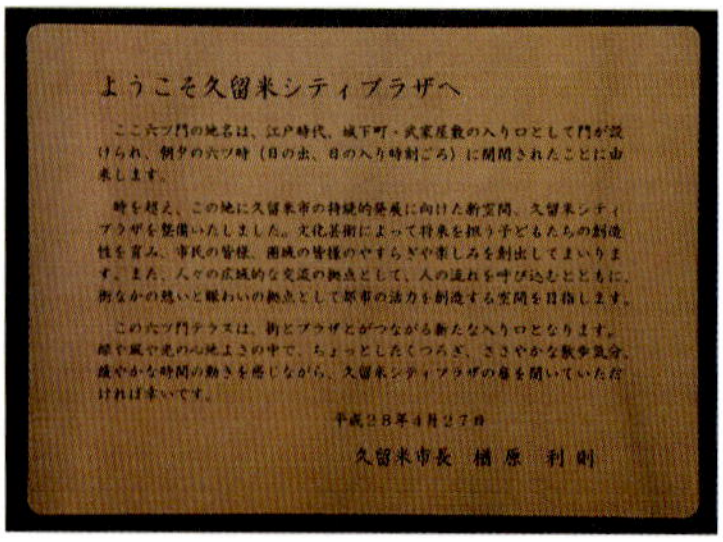

六ツ門の由来や〈六ツ門テラス〉についての楢原市長のコメントが載ったプレート

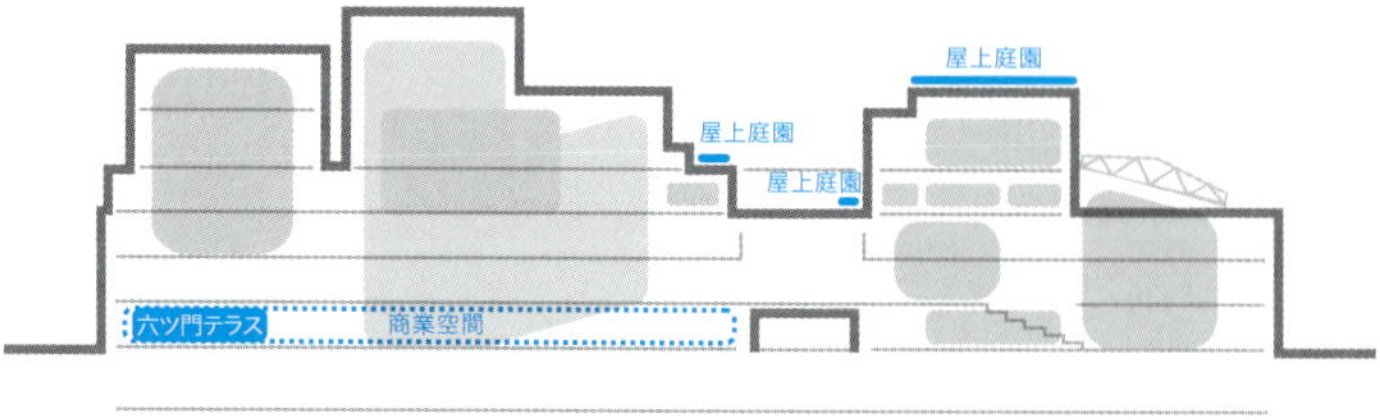

屋上庭園

中心市街地の上空につくられた緑豊かな憩いの空間。会議室から出入りできるスカイテラスをはじめ、上階のロビーや楽屋などが面する外部空間の随所に植栽が施されている。クルメツツジなど地域の植物を多用して屋上空間を彩り、利用者を楽しませてくれる。

商業空間

建物西側（8番街区）の1階は、地域の飲食店、衣料品店、コンビニエンスストアなどさまざまなショップが入った商業空間が展開。

久留米シティプラザができるまで

久留米市は、1969（昭和44）年に開館した久留米市民会館に替る新たな施設の整備という長年の課題とともに、まちの顔となる中心市街地の求心力の再生という喫緊の課題を踏まえ、10年後、20年後の将来を見据えた県南の中核都市としての賑わいと求心力を象徴する久留米市の新たなランドマーク施設とすべく久留米シティプラザの整備を計画した。そして、全庁あげての最重要プロジェクトとして取り組んできた。また、市議会でも、この事業の成否が市の今後の発展を左右することから、十分な検討審議が行われた。久留米シティプラザが開館するまでの歩みを追ってみる。

年	月	事項	内容
1969 昭和44年	4	久留米市民会館が開館	1348席の大ホールに240名収容の小ホールなどを併設した施設として開館
1990 平成2年	4	総合都市プラザ整備基金の設置	都市プラザの整備を図り、地域文化の振興と地域経済の活性化に資するための基金を設置
1997 平成9年	3	「総合文化・交流施設懇話会」への諮問に対する答申	「大規模文化イベントや学会等のコンベンションの開催に対応した多目的・多用途に活用できる、地域の中核的な文化・交流施設を整備することが望ましい」との答申
2009 平成21年	2	久留米井筒屋が閉店	前進の旭屋デパートから長年親しまれてきた久留米井筒屋が平成21年2月28日を最後に閉店
2010 平成22年	2	楢原利則市長が就任	一人ひとりを大切に、安心、活力に満ちた久留米づくりの政策提言、そのひとつとして、「コンベンション機能を併せもった文化施設建設の方向性を平成22年度中に決定する」という公約を掲げ、第19代久留米市長に就任
	6	楢原市長が市政運営方針「中期ビジョン」を発表	「老朽化した市民会館の対策と、コンベンション機能を併せもった広域交流促進の中核施設としての文化施設（仮称・総合都市プラザ）建設の方向性を平成22年度中に決定する」と明記
	10	「久留米市総合都市プラザ検討委員会」の設置（平野実委員長／久留米市文化芸術振興審議会会長）	（仮称）総合都市プラザ建設の方向性について、学識経験者や文化芸術、経済、市民活動、女性団体、大学、病院の各分野の関係者など21名の委員で構成する検討委員会を設置

年	月	事項	内容
2011 平成23年	1	同検討委員会から市長へ「(仮称)久留米市総合都市プラザ建設の方向性に関する報告書」の提出	「市民会館に替る新しい施設を平成26年度までに、中心市街地に整備することが望ましい」との報告
		「六ツ門8番街地区市街地再開発準備組合」の設立(宗野和博理事長)	8番街区(久留米井筒屋跡地等)において、再開発事業の機運が高まり、地権者らで構成する再開発準備組合が立ち上がる。再開発事業についての検討が開始される
	2	楢原市長が「(仮称)久留米市総合都市プラザ整備の方向性」を発表	「市民会館に替る新しい施設として、ホール機能とコンベンション機能を併せもった広域文化交流促進の中核施設が必要であり、久留米井筒屋跡地を含む街区を中心とした六角堂広場も含めた場所に、平成26年度の完成を目指して整備する」と発表
	3	市議会「平成23年度予算審査特別委員会」による予算審議(栗原伸夫議長、川地東洋男委員長)	委員長より、「(仮称)久留米市総合都市プラザ計画については、市議会議員の改選後、早急に議会内で特別委員会を設置し、場所、規模をはじめとする諸問題について十分議論していただきたい。その結論が出るまでは当局は執行を見合わせていただきたい」との申し入れが市長にされる。議会の意向を踏まえ、(仮称)久留米市総合都市プラザ関連予算の執行が留保される
	5	市議会に「(仮称)久留米市総合都市プラザ調査特別委員会」を設置(原口新五議長、秋吉政敏委員長)	「建設の妥当性」「立地場所の妥当性」「六角堂広場との一体的整備の妥当性」を主な論点とした集中的な審議が行われる
		市で「(仮称)久留米市総合都市プラザ整備計画」を策定	(仮称)総合都市プラザの整備の基本的な考え方を明確にするために、その必要性、施設の機能、整備の時期、立地場所、既存施設および機能の現状と課題、整備方針、関連課題などを整理した整備計画を策定
	6	「(仮称)久留米市総合都市プラザ調査特別委員会」が8回にわたる審議を踏まえ、市長へ調査結果の提言書を提出	「市民会館の老朽化および耐震性の問題、都市間競争の激化、文化・交流の主体が活動できる拠点を都市の中に整備しておくことの重要性などを総合的に勘案し、平成23年度の都市プラザに関する予算の執行を認める。市議会として、今後も引き続き議論を尽くしていく」という趣旨の提言書を市長に提出。その後、都市プラザの審議については総務常任委員会で継続して行われる
	11	市で(仮称)久留米市総合都市プラザ基本計画を策定	今後の設計業務に向けて、計画地および既存施設等の状況、施設の基本理念、基本的な機能と構成、施設諸元の設定、施設配置、交通処理計画、事業手法および整備スケジュール、事業費などを整理する
	12	「(仮称)久留米市総合都市プラザ設計者選定委員会」の設置(竹下輝和委員長/九州大学教授)	学識経験者など6名で構成する委員会を設置し、公募型プロポーザル方式を用いた設計業者の選定に関する事項を審議
2012 平成24年	5	設計者を決定	代表企業である(有)香山壽夫建築研究所と市内グループからなる香山・DEN・國武・北島・ナカヤマ特定設計業務共同企業体を設計者に決定し、契約を締結
	6〜5	基本設計にあたって市民や関係団体との会議を開催	施設の基本設計にあたり、基本計画で整理した施設諸元に対する利用者団体等を中心とした市民の意見・要望の聞き取り、取りまとめを行う場として4回にわたって開催。主要施設の構成や施設諸元のブラッシュアップを行う
	6	「劇場、音楽堂等の活性化に関する法律」の施行	劇場、音楽堂等は、地域の文化拠点とともに「新しい広場」として地域のコミュニティの創造と再生を通じて、地域の発展を支える機能が期待されるという趣旨が謳われた、いわゆる「劇場法」が施行される
	7	「(仮称)久留米市総合都市プラザ管理運営計画検討ワーキンググループ」を設置	(仮称)久留米市総合都市プラザの管理運営の検討のため、ホール、広場、展示室・会議室、駐車場・公共交通利用促進、全体の5つのワーキング、総勢90名で構成し検討を開始する
	12	六ツ門8番街地区市街地再開発組合の設立(橋本安彦理事長)	福岡県の認可を受け再開発組合が設立され、権利関係の調整など具体的に再開発事業がスタートする
		基本設計を完了	施設の規模や機能、配置図、平面図、立面図および建築パースなどを作成

年	月	出来事	内容
2013 平成25年	3	（仮称）久留米市総合都市プラザ管理運営計画を策定	プラザの基本理念の実現や施設の機能を効果的に発揮していくために、管理運営の基本方針、組織計画、事業計画、利用規則、広報宣伝計画、収支計画などの基本的考え方を定める
	4	市民文化部内に「総合都市プラザ推進室」を設置	事業のさらなる推進を図るため、庁内プロジェクト体制から専門の組織体制とする。
	7	実施設計を完了	建築工事、電気設備工事、機械設備工事、舞台設備工事、舞台照明工事、舞台音響工事など各工事の設計図書を作成し、工事発注の準備を整える
	9〜8	工事施行業者を決定	鹿島・金子・大和・小林共同企業体（8番街区建築工事）や西松・半田・黒田・東建共同企業体（9番街区建築工事）など合計9本の工事の施工業者を決定
	10	工事に着手	8番街区、9番街区、10月から工事に着手する
	12	「（仮称）久留米市総合都市プラザ名称検討委員会」の設置（高宮知数委員長）	10名の委員により、全体名称および諸室名称について、計5回にわたり検討する
2014 平成26年	3	施設名称を「久留米シティプラザ」に決定	3ホールはそれぞれ、〈ザ・グランドホール〉〈久留米座〉〈Cボックス〉に決定
	5〜4	建設現場から不発弾が2度見つかる	掘削中に不発弾が発見され、自衛隊等による撤去作業のため工事が一時中断
	12	広場の愛称を〈六角堂広場〉に決定	広場の愛称を公募。47全都道府県から2396件の応募があり、（仮称）久留米市総合都市プラザ名称検討委員会での選考を踏まえ、〈六角堂広場〉に愛称を決定する
2015 平成27年	3	久留米シティプラザ条例を制定	平成24年6月、国において制定された「劇場、音楽堂等の活性化に関する法律」の考え方なども踏まえ、久留米シティプラザの設置目的や事業計画、使用時間、使用料なども盛り込んだ条例を定める
	7	市民文化部内に「久留米シティプラザ」を設置	施設の予約受付開始などを控え、事業の推進組織体制から開館後の施設運営の組織体制へ
	10	施設使用の予約受付を開始	申込みの手続きや方法などについて、平成27年8月から利用者説明会を開始し、10月から施設の予約受付を開始する
	11	9番街区の工事が竣工	〈六角堂広場〉、展示室、会議室などが完成
	12	開館初年度のオープニング事業企画を発表	柿落とし公演といわれる単発企画ではなく、開館年度の一年間を通したオープニング企画として、さらには後年度につながっていく継続性をもって企画。ウィーン・フィルハーモニー管弦楽団などの目玉公演のほか、市民とともに開館を祝う市民公募事業を展開する
2016 平成28年	1	8番街区の工事が竣工	〈ザ・グランドホール〉、〈久留米座〉、〈Cボックス〉、商業店舗などが完成
	3	〈六ツ門テラス〉を整備	六ツ門交差点側に広場を整備し、名称を〈六ツ門テラス〉に決定
	4	「久留米シティプラザ」が開館	久留米市の持続的な発展に向けた最重要プロジェクトとして取り組んできた久留米シティプラザが、平成28年4月27日についにオープン。〈六角堂広場〉でのテープカットセレモニーや〈ザ・グランドホール〉での開館記念式に中野浩一氏、藤井フミヤ氏、田中麗奈氏の3人のゲストとともに、3200名もの皆様にご来館いただき、盛大に開館を祝う

福岡よりもいいホールが久留米にできた!

フォト・インタビュー 01

藤井フミヤ

藤井フミヤさんはいわずと知れた、久留米出身の歌手、アーティスト。
久留米シティプラザの界隈には、学生時代やアマチュアバンド時代によく繰り出してしていたといいます。
当時のこと、新しいホールができることによる可能性などについて、
ざっくばらんに語っていただきました。

久留米ティプラザ屋上から西鉄久留米駅方向、さらに、高良山を含む山並みを望む。高良山は、藤井さんの久留米の好きな場所のひとつで、特に実家の付近から見る風景がお気に入りとのこと

──藤井さんは久留米出身ですから、久留米シティプラザができた六ツ門の辺りは親しみのある場所ではないでしょうか?

藤井 高校の時は、とにかく西鉄久留米駅からあけぼの商店街の終わりまで歩いて、また戻るっていうことをよくしてたからね。井筒屋の辺りまで行って帰ってくるっていう。何をするわけでもなく、行くと誰かに会うから「おぉ!」っていうのが基本。だから、井筒屋が無くなった時はものすごく寂しかった。デパートっていうものの象徴だったから。チェッカーズで東京に出て、帰ってきた時にはもう寂しくなっていたんだけど。久留米のひとつの歴史、昭和の歴史が終わるような気がして。アレ? あそこがメインだったのが、閑散としちゃって。エッ!? ゆめタウンでデートするの? みたいな。俺としてはモールじゃんっていう感覚だから。

──当時、その界隈でバンド活動をされていたのですか?

藤井 西鉄を中心に一番街の辺りがみんなの溜まり場(西鉄駅と六ツ門の間の商店街)。よくダンスパーティをした市民会館は、中心からずれた所で、交通の便としてはよくなかった。それに対して六ツ門の辺りは、西鉄から歩ける範囲。そういう意味ではあの界隈が盛り上がっていけばなぁと思うね。でも、最近はメイン通りからはずれたところに面白いお店が点々と増えてきている。若者が経営してるような、文化街(居酒屋・スナックなどが多い繁華街)とは違う飲食があの界隈で流行っていけばいい気がするよね。

──市民会館もよく使われていたんですね。それに替るのが、シティプラザですが、どのように使われたらいいと思いますか?

藤井フミヤ（ふじい　ふみや）
福岡県久留米市生まれ。1983年チェッカーズとしてデビュー。1993年以降、ソロアーティストとして活動。「TRUE LOVE」や「Another Orion」等ミリオンヒットを世に送り出す。2013年、久留米市文化章を歌手として初めて受章。その他、市民カードのデザインや新久留米市の歌「ふるさとのささやき」の作曲なども手掛けている。

藤井　市民会館はなかなかレトロないいデザインだったんだけどね（取り壊される予定）。小ホールは年中、使ってたから。ただ、シティプラザのキャパになると、結構ビッグアーティストが来られるんじゃないかな。小ホール（Cボックス）はアマチュア・バンドとかがいい気がするね。クラシックのコンサートを大ホール（ザ・グランドホール）でするなら、いい雰囲気でできるんじゃないかと思う。意外と来る人は来るんじゃない？　あとは動員だね。
　これ、でも考えてみたら、福岡よりもいいホールができちゃったってことだよね。ということは、久留米の人を福岡に呼ぶことを考えなくていい。熊本や佐賀からもここに来てもらえばいいんだ。新幹線もあるし、高速だってすぐだもんね。帰りにラーメンでも食べていってもらう。そうなればいいね。

第2章 久留米シティプラザはいかにして生まれたか

まちに大きな変化をもたらすプロジェクトを
具現化していく上で最も重要なことは
明確なコンセプトを立てることである。
プロジェクトの位置づけ、
施設の動かし方、活かし方など
理念から現実へ移行していく道筋は
どのようにつけられていったのか。

挑戦を形に
——構想の実現へ向けて

久留米市の中心市街地は、2つの百貨店とそれを結ぶ商店街、いわゆる2核1モールの商業集積により、県南地域の広域商圏の中心としての役割を果たしてきたが、近年の福岡市への商業集積や郊外型大型商業施設の出店などの影響から、核となる商業施設が撤退するなど、その商業機能が低下していた。一方では全国的に少子高齢化、人口減少社会が本格化するなかで、郊外型社会から将来にわたって持続可能に発展する魅力あるコンパクトな都市づくり、また、住んでみたい、住み続けたいと思われるような地方創生に向けた取り組みが求められていた。

こうした久留米市を取り巻く環境や時代の変化のなかで、今後も久留米市が県南の中核都市として発展していくためには、「まちの顔」である中心市街地が活性化し、再びその輝きを取り戻し、求心力を高める必要があったのである。

久留米シティプラザは、文化芸術のもつ力や人、もの、情報の交流により、中心市街地の求心力の再生に向け、久留米に欠くことができない施設である。今の久留米に欠けているものは、元気、賑わい、そして都市の顔であり、この時期に久留米市の将来への投資をためらうことで、久留米市が活気ある都市としての輝きを失っていくことは何としても避けなければならない。そのような市長の強いリダーシップのもと、また、市議会でも、市の将来の発展に影響を与えるこの事業に対する審議が行われるなど全市あげての重要プロジェクトがはじまった。

市をあげての重要プロジェクト

「言うまでもなく、つくることが目的でなく、つくってからが本当の取り組みのはじまりとなる。シティプラザの機能を最大限に発揮させるには、市民や文化団体、経済団体などの関係者、さまざまな方々の理解と協力が必要であり、シティプラザを『文化』『交流』『活力』の創造の場としてともに創り上げていくことが重要である」と、橋本政孝副市長は語る。

市では副市長をトップとして、庁内に関係部局からなる横断的な「(仮称)久留米市総合都市プラザ推進プロジェクト」を立ち上げ、久留米シティプラザの必要性、機能や規模、開発手法、財源対策などに関する計画を策定し、市内全校区や文化団体、経済団体などへ説明を行っている。また、単に市民会館に替る施設にとどまるだけでなく、２０１２〈平成24〉年6月制定の「劇場法」が謳う、地域の文化拠点であるとともに、地域の発展を支える新しい広場としての機能を果たせるよう、劇場やホールの専門家として、佐藤信氏、高宮知数氏、田辺清人氏を市長アドバイザーである参与として招聘した。そして、参与のアドバイスを受けながら、基本理念の実現のため、また、市民とともに久留米シティプラザを創り上げていくため、市民や施設利用者など総勢90名が参画し、管理運営の基礎となる管理運営計画を策定している。

そして、開館前のプレ事業では、市民への周知や機運の醸成、また、市民との協働体制づくりの視点から、さまざまな取り組みを行うとともに、開館年度については、久留米シティプラザの開館を市民とともに祝うとの趣旨から、市民が企画する事業を公募し、オープニングシリーズとして45事業もの多種な事業を展開している。

まさしく、市は久留米シティプラザを活用し、「文化」「交流」「活力」の創造の場に向け、市民とともに創り上げていく取り組みをはじめたところである。

時期を逃さず着手

市民会館に替る中核的な文化交流施設の整備は、市にとって長年の懸案事項であったが、財源や建設場所などさまざまな課題があり、着手することができなかった。

そのようななか、楢原市長は就任時の市政運営方針で、コンベンション機能を併せもった文化施設〈仮称：総合都市プラザ〉建設の方向性を２０１０〈平成22〉年度に決定すると明記された。そして２０１１〈平成23〉年2月に、さまざまな角度から総合的に検討されるなか、「市民会館に替る新しい施設としてホール機能とコンベンション機能を併せもった広域文化交流促進の中核施設が必要であり、井筒屋跡地を含む街区を中心とした六角堂広場も含めた場所に、平成26年度の完成を目指して整備する」という総合都市プラザの整備の方向性を発表された。

この発表に同席した臼井浩一元副市長は、「整備時期としては、まさにこの時期しかない。これを逃したらいけなかった」と語る。

市長が整備の方向性を発表した背景を見ると、まず、中心市街地は除々にその求心力が低下していたが、六ツ門地区では新たな商業施設「くるめりあ六ツ門」がオープンし、新世界地区では地権者などによるマンション建設が着手された。そして、久留米シティプラザの建設地である久留米井筒屋跡地では地権者の再開発事業の機運が高まるなど、まちの再生に向けた取り組みが進み出していた。また、建設に伴う財源手当の課題については、

２０１４（平成26）年度末までに活用できる最も有利な合併特例債や中心市街地活性化のための国の充実した財政支援制度を活用できる目途が立ち、長年の課題であった市民会館に替る中核的な文化交流施設の建設に踏む切れたものである。臼井元副市長は、「市街地再開発事業は、複雑で多様な権利関係の調整、権利者の合意、都市計画法に基づく諸手続きなど、通常かなりの期間を要するが、六ツ門地区の再開発事業が短期間で軌道に乗り、権利調整から設計、施工と現実化できたのは、市長をはじめ権利者の方々、市職員など地元の方々の熱い想いが込められたからこそであった」と、当時を振り返る。

まちなかの総合整備

日本社会が本格的な人口減少時代に突入するなかで、市では２０１５（平成27）年度から5年間、中期的に取り組む総合計画として第3次基本計画をスタートさせた。この期間は、市が持続的に発展するために大変重要である。この計画での久留米シティプラザは、人々の心の豊かさを実現させる文化芸術振興の拠点とともに広域求心力の中核を担う中心市街地の戦略的な交流拠点と位置づけた。

深井敦夫前副市長は、「心豊かな市民生活を実現し、都市求心力の中核として、このシティプラザを活かすには、シティプラザ単体の整備にとどめず、まちなかの市街地全体の魅力を高めることが必要で、超高齢社会、地球環境問題なども見据え、特にＪＲや西鉄の主要駅、商業施設、市役所や病院など中心市街地の各施設など、まちなかを回遊しやすい環境整備を進めていくことが重要です」と語る。

そこで、市は、久留米シティプラザの整備を契機として、中心拠点にふさわしい都市空間の整備を、国・県等と連携し総合的に進めている。中心市街地の骨格となり、市のメイン通りである明治通りなどを「くるめシンボルロード」と位置づけ、歩道用照明や植栽帯の整備を行っている。また、公共交通の利用を促進させるため、交通事業者と連携しバスロケーションシステムやノンステップバスの導入、都市景観にも配慮したバス停シェルターの整備などを行っている。

さらに、駐車場情報提供システムの導入、Wi-Fi環境の整備、そして、環境への負荷が少なく健康的で小回りが利く自転車の利用促進へ向け、自転車走行空間や駐輪場の整備、コミュニティサイクル「くるクル」の運用を開始するなど、久留米シティプラザを拠点に来街者が楽しみながら安全・快適に回遊できる賑わいのある都市空間づくりを総合的に行っている。

インタビュー

文化の居場所のつくり方

久留米市参与・芸術顧問　佐藤　信

久留米シティプラザの開館に向けて2012（平成24）年から久留米市参与、芸術顧問として最も重要な役割を果たしてきたのが日本を代表する演出家であり、これまで数々の著名な劇場の創設に関わってきた佐藤信である。久留米シティプラザを新しい時代のソーシャルシアターとして実現するという想いを抱いて施設の機能構成や使い方、細やかなデザインの部分に至るまで、精力的に準備チームをリードしてきた。現代日本の地方都市においていかにして「文化の居場所」をつくり出すのか、その背景となるコンセプトとともにお話をうかがった。

久留米市参与・芸術顧問　佐藤　信（さとう　まこと）
1943年生まれ。劇作家、演出家。1966年に劇団「自由劇場」を設立。1968年に「演劇センター68」（現在、劇団黒テント）の結成に加わり、以後20年間、大型テントでの全国移動公演を継続。1997～2002年「世田谷パブリックシアター」の劇場監督、現在は「座・高円寺」芸術監督も務める

――佐藤さんのお立場は久留米市参与、久留米シティプラザの芸術顧問という役割で、開館準備をリードされましたが、どのような方針で臨まれましたか。

佐藤 久留米シティプラザは久留米市民会館の建て替えであると同時に、久留米市の中心市街地の活性化への貢献という、重要なミッションを背負っています。これに応えるには施設の敷地である商店街、中心市街地、郊外を含む市域など大小さまざまなスケールの地域にまたがるソーシャルデザイン（＝社会デザイン）に施設が介入していかなければならないと考えています。そのために、ソーシャルシアターという概念を設定し、それを実現するために試行錯誤してきました。

例えば、久留米シティプラザの規模と機能をもった施設の場合、通常年間10万人から20万人くらいの来館者が想定されます。一方、近くにある郊外型の商業集積施設は1日に数万人の利用客を集めています。こうした郊外型商業施設の利用者をまちなかの商店街に取り戻すことだけが中心市街地活性化なのか、それに取り組むことがソーシャルデザインなのかという疑問を抱いていました。現実問題として、商業施設を新たにつくり、一生懸命リーシングをして人気店を集めても、昔のような人通りを回復することは不可能でしょう。

そこで1日数万人を集客する郊外型商業施設ではできないことを代替する都市機能をソーシャルデザインの課題に据えようと考えました。郊外型商業施設が車で短時間でアクセスして新しいものを何でも買える、即時的に欲求を満足できるコンビニエントな場所だとすると、久留米シティプラザと久留米の中心市街地には、異なる魅力をもった場所をつくらなければならないわけです。

そこで、かつて大いに賑わっていた都心のこの場所からもう一度文化を見直してみたらどうかと思ったのです。例えば、先ほどの郊外型の施設周辺では、文化的なサービスといえばシネマコンプレックスだけです。あるいは、AKB48やエグザイル、劇団四季などの大人数の観客を対象としたパフォーミングエンターテインメントは福岡にしか来ない。彼らは独自の機材をもって全国大都市の大型施設を飛び回っており、公共ホールが出る幕はないのです。久留米シティプラザではそのような「商業文化」とは違うものを提供しなければならない。「芸術文化」を専門的な環境で提供することは当然として、市民が担い手である「生活文化」を取り上げる舞台づくりに力をそそぎました。

しかし、大事なことは久留米シティプラザに生活文化

〈久留米座〉（中ホール）への導入アプローチには、佐藤のアイデアにより国の重要無形文化財にもなっている久留米絣（くるめがすり）をブラインドの素材に使用している

の集積をつくることではないと考えています。あくまで、ここは生活文化の実演を見せる場所であり、それを見た人たちが生活文化の実践者に変わり、地域社会のなかに拡散していく。そのようなネットワークづくりがソーシャルシアターのひとつの使命であると考えています。〈六角堂広場〉や賑わい交流施設〈カタチの森〉は商店街から直接入ることのできる、見えるショーケースであり、生活文化のシアターでもあります。そこで上演される生活の風景が久留米のまちにインパクトを拡散していくことを期待しています。

——佐藤さんは演出家として70年代から我が国の演劇界をリードしてこられた方ですが、劇場づくりにはどのようにして関わりはじめたのでしょうか？

佐藤　劇場づくりのきっかけは自分が演出する劇団の自前の劇場です。「アンダーグラウンド自由劇場」は小劇場運動が盛んな１９６６（昭和41）年につくった30坪程度の劇場です。プロセニアム型の劇場をコンパクトにしたもので、緞帳や袖幕などいわゆる劇場設備をひと揃い設らえましたが、公演を重ねる毎に余分なものを、どんどん取り払い、たった半年でただの黒いハコ＝ブラックボックスになってしまいました。ただのブラックボックスになると、もう1回、劇場とは何か本質的に考え直しました。

それから、70年代に「黒テント」という移動劇場の公演をはじめました。今度は劇場をいちいち建てて、そこで公演するというやり方なので、アンダーグラウンド自由劇場とは逆に、必要最小限度の劇場しかつくれないわけです。例えば楽屋なんてないわけで、トラックの中を楽屋にしたりしました。劇場の中のあらゆる部分を削いでいくと、再び、劇場って何だろうという疑問を感じたのです。

――佐藤さんが初めて久留米に来られたのは1970年代の「黒テント」の頃だったそうですね。

佐藤 今の芸術顧問の仕事についたことと直接関係あるわけではありませんが、個人的には「黒テント」をやっている頃、初めて久留米に来ました。文化的な流れを感じたという点で、当時、久留米は大変印象に残りました。ちょうど石橋文化センター（ブリヂストンタイヤ創立25周年を記念し創業者の石橋正二郎氏が久留米市に寄贈した総合文化施設。1956（昭和31）年開園）の中に石橋文化ホール（1963（昭和38）年完成）が開館した後で、施設が大変充実していてすごく恵まれたまちだと思いました。同時にすごく先駆的だなと印象に残ったのは音楽ホールを建てるだけでなく、併せて市内の中学に吹奏楽の楽器を寄贈していた。ホールで演奏するための教育環境もサポートしていたんですね。さらにはプールなどの運動施設もつくって文化だけじゃなく、スポーツも育てる。施設をつくると同時に、その何年後かに根づかせるという取り組みも行っている。それがある種の文化的土壌となって、まちには質の高い雰囲気ができていたのです。福岡とは異なり、もうひとつ別のまちという印象が強かったです。

――その後、佐藤さんは多くの劇場計画に参画され、「世田谷パブリックシアター」（1997年開館）や「座・高円寺」（2009年開館）など、劇場そのものの品質にとどまらず、地域のなかでの劇場の在り方についてもさまざまな変革に取り組んでこられました。久留米シティプラザの計画と並行して、2012（平成24）年に「劇場法」が施行されましたが、公共ホールの在り方についてどのようにお考えですか？

佐藤 これまで、地方自治法で公の施設＝集会場として定められていた公共ホールが、ようやく法律のなかで劇場、音楽堂として位置づけられることとなりました。ハード、ソフトの両面において劇場の専門性を強化して、本来的な「創る劇場」機能を活性化することが謳われています。一方で同法は劇場に「地域社会の絆の維持および強化を図るとともに、共生社会の実現に資するための事業を行うこと」を求めています。専門的な「劇場」であると同時に、新しい「公の施設」であることが要求されているのです。2つの機能の整合性の問題は今後も続きそうです。

そういうわけで、今、公共ホールの役割がものすごく変わりつつある。併せて劇場づくりのノウハウも大きく変わる。僕自身の結論としては、公の施設の一部としての劇場という在り方をもう一度積極的にとらえたいと思っています。劇場そのものはその施設の中でもっと仮設的につくるという方向性が正しいと考えています。LED照明やPC操作卓など舞台設備の技術的な革新の過渡期であり、ブラックボックス的な仮設性を確保することが大事です。そして、公の施設として、建物全体がどのような公共性を実現すべきなのか、何があるべきかについて原点に戻って考えてみるべきだと思います。

——いくつもの劇場計画を手がけてこられた佐藤さんから見て、久留米シティプラザはどのような魅力をもったプロジェクトなのでしょうか。

佐藤 何と言っても久留米というまち自体の面白さですかね。テント劇場で久留米を含めて日本中を回っていた1970（昭和45）年に比べると、やはり目抜通りである一番街から続くアーケード街は少し寂れてきているけれど、まだ死滅しているわけじゃない。横町や飲み屋さんなども含めて、まちなかの楽しみと呼べるものがかろうじて残っている。完全に死滅している所は再生不可能ですからね。

久留米シティプラザにはこうした都市の中心部の再生という、ある意味、文化施設とは真逆の課題があるので、すごく難しくもあります。2街区にわたる長大な建物ですから、うまく運営しなければ、まちの真ん中に廃墟の壁ができることになります。都市中心市街地活性化と市民の文化活動の中心地を育成するという、2つの課題を同時にクリアするのは、今でも難易度の高い課題だと思っています。私の最大の役目はこの2つの課題をいかに結びつけるかということのお手伝いだと思っています。

——今回の芸術顧問という役割ですが、一般的な顧問のお仕事をはるかに超えて、事業デザインから舞台設備、空間のデザインに至るまで、ありとあらゆる場面に参加しておられますね。

佐藤 久留米シティプラザには、3つの劇場があるのですが、それぞれコンセプトが違っています。〈ザ・グランドホール〉はオペラ形式の音楽ホールです。1500人くらい収容できるのですが、ここに来る市民をお客さんとして迎えなければならない。だから最高級の応接間をつくろうというコンセプトで挑みました。良い音はもちろんですが、その音をどういう環境で聴くか—客席の内装や各座席の幅の広さにこだわりました。今まで久留米になかった都心の応接間としてホールをつくりたいと思ったのです。〈久留米座〉については、伝統的なものが多いまちなので、和の劇場というニュアンスを残そうと考えました。〈Cボックス〉は現代の小劇場の技術を全部集めて、ブラックボックスの概念をつくれる環境を用意しました。九州全体にこうした劇場がなかったからです。こうした個性的な3つの劇場を組み合わせることで、劇場文化のさまざまな側面を久留米のまちなかに仕掛け、劇場の演出面にすごくこだわろうと思ったのです。

でき上がって感じたのですが、〈久留米座〉は九州のなかで新しい何かを生み出してくれるかなと思います。和風の劇場ということで本格的な能舞台の形にもできる。能舞台の上で現代劇もコンサートも、全部やってもらおうと思っています。普通の能舞台ではそれができない。ヒップホップを踊ったりね。

建設中の〈ザ・グランドホール〉。佐藤の劇場プロデュースの思想と経験が詰め込まれたホールは「市民の応接間」

──文化の居場所がキーワードになっていますが、ホールや会議室だけでなく、それらの間にある隙間や屋上、さまざまな場所に居場所が仕掛けられているのですね。

佐藤 文化や芸術はすべてが性善説で単一の価値の元にあるものではないと思っています。抽象的な言い方ですが、文化や芸術がその都度「居場所」を定めていくということ、自らを再定義するってことはとても大事です。芸術家の役割はほとんどそれに尽きると思います。芸術の専門家として、新しい概念や思想によって既成概念を再定義していくこと。例えば、絵描きは、絵画を定義するということが大事なのであって、すでに定義された条件のなかで、最善のことをすることとは少し違う。それを否定するわけではないのですが、文化や芸術という観点から見れば、壊すこととつくることとは常に裏腹で、そういう危うさをもっていないと、文化自体が壊れてしまう。

今回、久留米シティプラザで考えているソーシャル・シアターについては、コミュニティ同士の関係をこれから考えていかなければならないと感じています。社会はコミュニティ同士の関係をピラミッド型に構築していくものではなくて、コミュニティ単位の集まりが共同で立っている場所＝共同の居場所なのだと思います。つまり私たちはコミュニティだけに属しているんじゃなくて、多様なコミュニティが共存する社会に属しているのだという考え方です。

その意味で、人口30万人くらいの久留米市の規模はちょうど良いのではないでしょうか。こつこつと個人的な活動、コミュニティの活動を続けていけば、それらが連鎖反応を起こして別の大きな変化が生まれてくる。そうした変化を引き起こすのにちょうどいい気がします。

現代は、文化・芸術に携わる者にとって、責任が大きい時代になりつつあると思います。第一に、昔から文化的なものって、明日も生きていくのが嫌になっちゃうような状況を元気づけるためのもの。意味あることをやるのが嫌になっちゃうという状況。人は意味あることだけで生きてるわけじゃないですからね。次に何もやりたくないという気分。それを形にするのが、僕ら芸術家の仕事なんですよね。社会のなかで、何もやりたくないってことにここまで徹底する人がいるんだってことに感動するんだと思う。第三には、イニシエーションです。自分の社会的な役割を、本番でやらないで、お祭りとか芸能で社会的な位置づけを自覚するんです。お祭りはそういう構造になっていますよね。社会形成のプロセスを継承していくイニシエーションなんです。人を鼓舞すること、何もしないこと、そしてイニシエーション、文化や芸術の役割はその3つだと思うんです。現代都市のように複雑化して人々であふれかえるような社会になると、こうしたことがより大事なんじゃないかと、今、ひしひしと感じています。

ソーシャルシアターのお話もしましたが、例えば現在盛んに言われている地方創生の取り組みがそのまま国家の創生に結びついたり、「より良き」社会に結びつくという一元的な価値観と、本来、地方が元気になるということとは違うんです。地方を元気にしようという取り組みはそれで終わりでいい。日本を良くするために久留米を元気にするなんて考えないくていい。久留米に住んでいる人がいるんだから、久留米の人が楽しくなるのが良いに決まってるんだよね。そういう想いで文化・芸術から、久留米シティプラザから久留米を元気にしていければいいなと考えています。

4つの機能を形に
久留米シティプラザの基本機能

2011（平成23）年2月に久留米市が発表した「（仮称）久留米市総合都市プラザ整備の方向性」に続き、2011（平成23）年5月に「（仮称）久留米市総合都市プラザ整備計画」が策定された。前年度の検討委員会での議論の結果を基盤として文化芸術活動の全市的な中核拠点の必要性、コンベンションによる広域交流の拠点整備、商業集積を含めた都心への賑わい創出を基本的な考え方として整理し、合併特例債の活用期限であった2014（平成26）年度までの整備スケジュール、そこから導き出される現実的な計画場所としての六角堂広場を含む六ツ門地区（久留米井筒屋跡地）など、事業の基本的なアウトラインが整理された。発表後、市議会からの提言「（仮称）久留米市総合都市プラザ調査特別委員会の調査結果について」を経て、久留米シティプラザの具体的な計画がスタートした。同年11月にまとめられた「（仮称）久留米市総合都市プラザ基本計画」のなかで、整備計画を受けてより明確にこの施設の基本理念と果たすべき4つの機能（下図）が示されている。

4つの機能

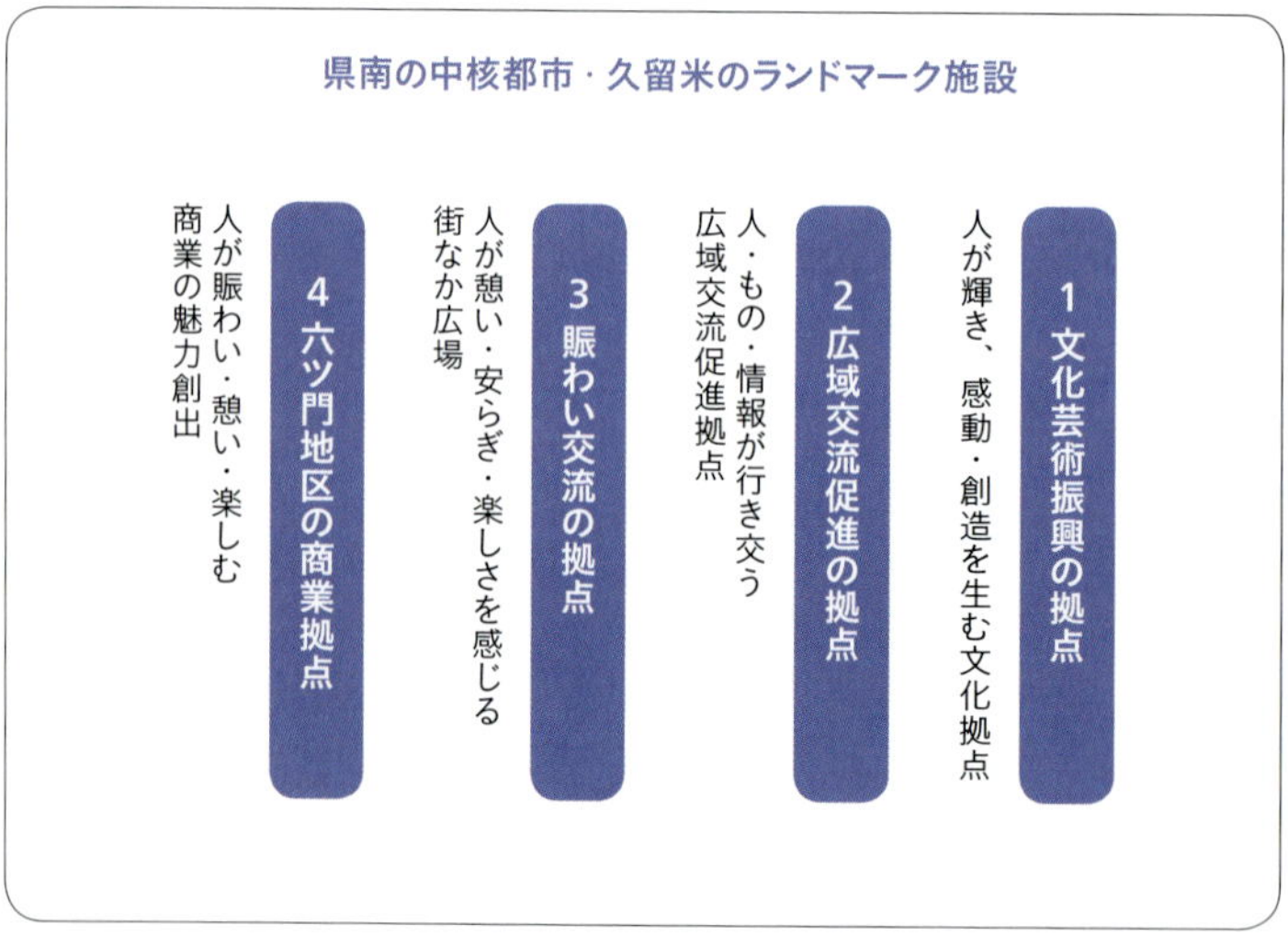
県南の中核都市・久留米のランドマーク施設
1 文化芸術振興の拠点
人が輝き、感動・創造を生む文化拠点
2 広域交流促進の拠点
人・もの・情報が行き交う広域交流促進拠点
3 賑わい交流の拠点
人が憩い・安らぎ・楽しさを感じる街なか広場
4 六ツ門地区の商業拠点
人が賑わい・憩い・楽しむ商業の魅力創出

施設の基本理念

賑わいと憩いが調和する「文化」・「活力」創造空間

人々が生き甲斐を持ち、日々の暮らしを生き生きと彩るためには、「心の豊かさ」が極めて重要な役割を果たす。心を豊かにするためには、心に感動や良質の刺激、潤いを十分に与えることが必要である。魅力あるまちには、そのための素材がより多く備わっている。

それは、輝いている人や気の合う仲間、子どもたちといった、〝ヒト〟であり、豊かな自然や心安らぐ街並み、お気に入りの店といった〝モノ〟であり、心から楽しめるイベントや文化芸術、子どもたちの笑顔といった〝コト〟である。

久留米市は、県南の中核都市として、地域の人々や訪れた人々にこれらの〝ヒト・モノ・コト〟を与える魅力あるまちであり続けなければならない。特に、久留米市の次代を担い、久留米市の未来を創っていく子どもたちの創造力や豊かな感性を育む魅力を持つことが重要である。

この施設は、子どもから大人まで、それぞれの人が、賑わいと憩いの両面から、それぞれのスタイルで魅力的な〝ヒト・モノ・コト〟に触れることができる、そして、自らもその素材となり、市民文化や活力を共に創る、そうした都市力の共創の場を目指す。

この新たな都市空間を、久留米市の都市力の向上・発展のために、10年先、20年先を見据えた「心豊かな市民生活の実現」と「広域的な求心力づくり」、「まちなかの賑わい創出」に向けた戦略的な拠点とする。

「(仮称)久留米市総合都市プラザ基本計画」29pより

久留米への愛着を深める場へ

久留米商工会議所 会頭
本村康人

もともと久留米商工会議所会頭として「久留米のものは久留米から」をテーマに活動していましたことから、2008（平成20）年にハイマート久留米の代表取締役に就任したとき、久留米に誇りと愛情をもって、久留米のことを基点にした活動を展開しようと考えました。2008（平成20）年に、旧六角堂広場等を会場にして、全国一多い「焼き鳥」をメインに「第3回Ｂ級ご当地グルメの祭典B-1グランプリ in 久留米」と、久留米が発祥の「豚骨ラーメン」、伝統ある「筑後うどん」を対象とした「食の祭典」を同時開催し、約21万人の参加がありました。翌年にも同様のイベントを開催し、約18万人の参加がありました。このときは久留米の底力を見た思いがしました。久留米にこだわった活動をすれば、多くの皆さんに集まっていただけると思いました。旧六角堂広場は開放的で、まちの中心部にある寄り付きが良い広場として、多くの食イベントをはじめ、土曜夜市、音楽イベント、パブリックビューイング等、いろいろなイベントにチャレンジして、久留米市の全人口が年に１度以上は旧六角堂広場に来場されるという程度の実績を上げました。

新しい久留米シティプラザを核とした賑わいづくりは、第一歩を踏み出したばかりです。単なるイベント開催の場所ではなく、何かに出合える、何か楽しいことに参加できる、そこで誰かに話したくなる場所へとしていくことが重要です。

旧六角堂広場には残念ながら、雨天への対応がありませんでしたが、新しい広場は全天候型になりましたので、週末のイベント開催も可能性が格段に広がるとともに、普段の利用についても子どもたちがまちなかで過ごす体験ができるようになったのは大きい変化です。現在「まちなかはみんなの遊園地！」という合言葉で平日の昼間、〈六角堂広場〉を小さなお子様の遊び場にする「まちなか遊園地」に取り組んでいます。安心して自由に動き回れる広場で走り回る姿や、笑い声が聞こえることは、周囲のお母さんやお父さん、お年寄りの足を止め、笑顔にします。それは、毎日の記憶として、久留米での楽しい思い出が積み重ねられることであり、久留米に誇りと愛情をもつことにつながると思っています。

人がたくさん集まるところには、賑わいが生まれ、人と人との笑顔からは喜びが生まれます。イベントは一過性だという方もいますが、やはり10万人、20万人の方々が一緒の会場にいるということが良いですね。同じ時間、同じ活動をともにすることが、久留米への愛着を深め、誇りを呼び起こす気がします。（談）

1 文化芸術振興の拠点
——人が輝き、感動・創造を生む文化拠点

久留米シティプラザは久留米市街地の中心部に誕生した大きな施設であり、旧市民会館の代替施設に位置づけられる。旧市民会館は1969（昭和44）年、久留米出身の建築家、故菊竹清訓氏の設計によって建設された鉄筋コンクリート造の建物で、1348席の大ホール、240名収容の小ホールを併設した施設であり、久留米市の文化芸術振興の拠点として年間12万人を超える多くの市民に利用されてきた。文化芸術活動の発表や練習、演劇や音楽などの鑑賞、集会や式典の開催など、土日では87・9％と非常に高い稼働率を誇っており、久留米の人々にとって文化芸術活動の拠点の大切さを裏づける数字と言えるだろう。しかしながら築40年以上を経過し、施設の長寿命化のための改修や舞台設備の更新などへの抜本的な対応が必要とされるのみならず、音響性能が低いことやリハーサル室、練習室がないこと、バリアフリー化への対応など、建物の構造的要因に起因する課題も多く、市民の文化芸術活動の機会を将来にわたって提供していくこと、広域合併により、より多様な文化芸術活動に対応できることなどへのニーズから、建て替えが望まれたものであり、久留米シティプラザの事業のなかで最も中核に位置づけられる機能である。

そこで、現在の市民会館に替わる新たな施設として、文化芸術の鑑賞や発表の場であるホール機能や、練習や創造など市民の身近な文化芸術活動の場である創造機能、施設を訪れる人たちがそれぞれの交流を深める場である文化交流機能を備えた、文化芸術振興の拠点を整備する（「（仮称）久留米市総合都市プラザ基本計画」30pより）

文化芸術振興の拠点としての基本機能は、鑑賞や発表の場となる「ホール機能」、練習や創作の場となる「創造機能」、文化交流促進の場としての「文化交流機能」から構成される。旧市民会館に乏しかった創造機能と文化交流機能をホール機能と併記して位置づけている点は、文化芸術振興の観点から極めて重要だ。

ホール機能はまず、誰もが優れた文化芸術を鑑賞し、広く親しめること、そして市民が主体的に文化芸術活動に参加しやすく、また、その成果を発表できることが求められる。基本計画ではこの機能を満たす上で求められるべき各室についての概要が示されているが、それらは翌2012（平成24）年5～6月に主要諸室の諸元として ブラッシュアップした上でまとめられ、設計に反映され

た。ホール機能を担う室としては主に大、中、小3つのホールが位置づけられ、演者、サービス側の機能として楽屋、トイレ、舞台装置、大道具倉庫が運用を具体的に想定して位置づけられる。大ホール〈ザ・グランドホール〉は1514席収容でありながら客席最後列と舞台との距離が約30mという近さで設定されている。オペラ、バレエ、ダンス、演劇、ミュージカル、PA付コンサート、国際会議を含めたコンベンション対応の高品位劇場〈オーケストラ・ピット付〉で、客席は幅54cmというゆったりとしたサイズで設定されており、芸術顧問の佐藤信氏によれば「市民のための応接間」としてこだわった部分なのだという。中ホールは399席を収容する個性的な〈久留米座〉。和風の劇場のような上質なしつらえで、舞台は能舞台に変換し本格的な能楽の上演にも対応できる。基本計画の段階ではリハーサル室として位置づけられていた空間は、144席の可動席をはじめ、設備上も可変性のある小ホール〈Cボックス〉となった。床の高さを調節することにより、リハーサルに活用する際には〈ザ・グランドホール〉の舞台幅と同じ18mの平場を確保できる。明治通りへの風景を見ながら開放的に使ったり、遮光してブラックボックスとしての演劇空間をつくり出したり、使う側の創造性を掻き立てる仕様になって

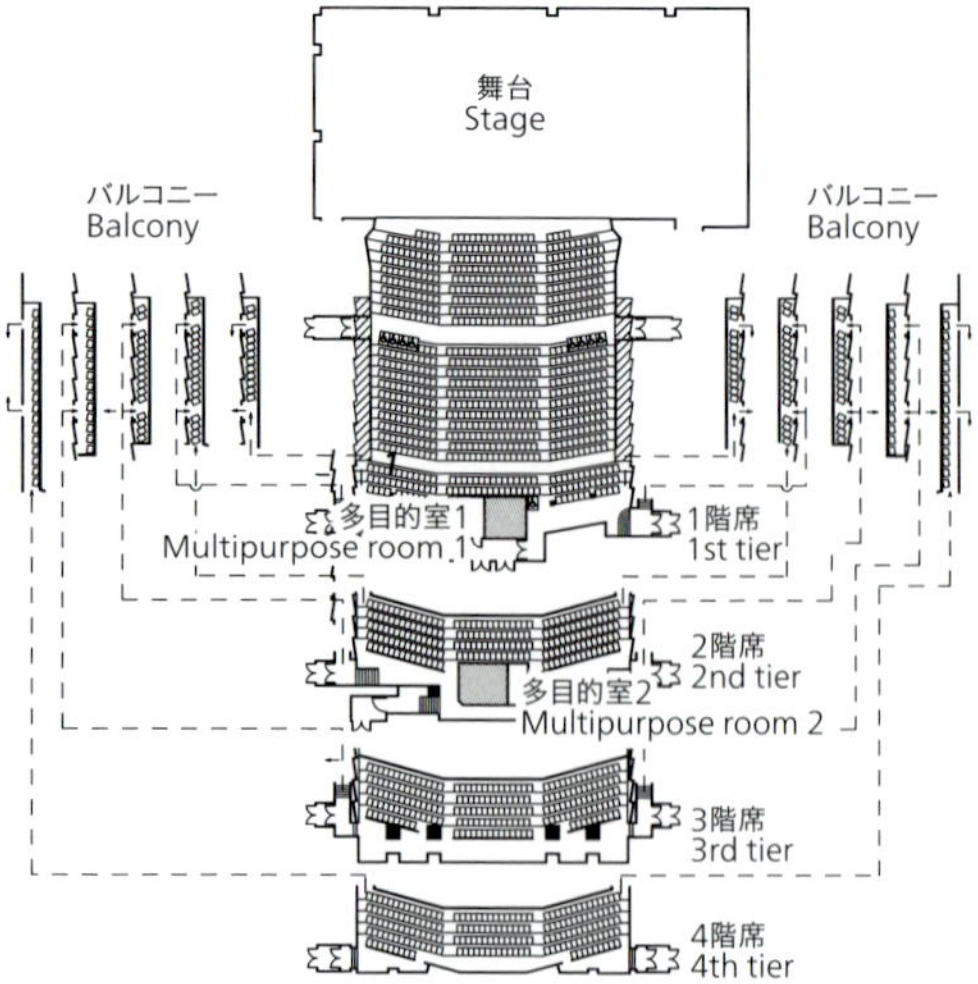

〈ザ・グランドホール〉。客席と舞台の距離が近い

いる。また劇場型のホールに加えて、美術や書道などの展覧会や各種展示会、見本市などに活用できる420㎡の展示室も、文化芸術拠点としての幅を広げている。

久留米シティプラザにおいて大幅に拡充された練習や創作の場としての創造機能は「個性ある文化芸術を創造し、継承するための機能、市民や文化芸術団体などの多様な文化芸術活動の練習、創作、打ち合わせなどを支援する機能によって構成される。旧市民会館で確保できていなかったリハーサル室は先述の通り多様な創造性を受け入れる小ホール〈Cボックス〉として設置され、それ

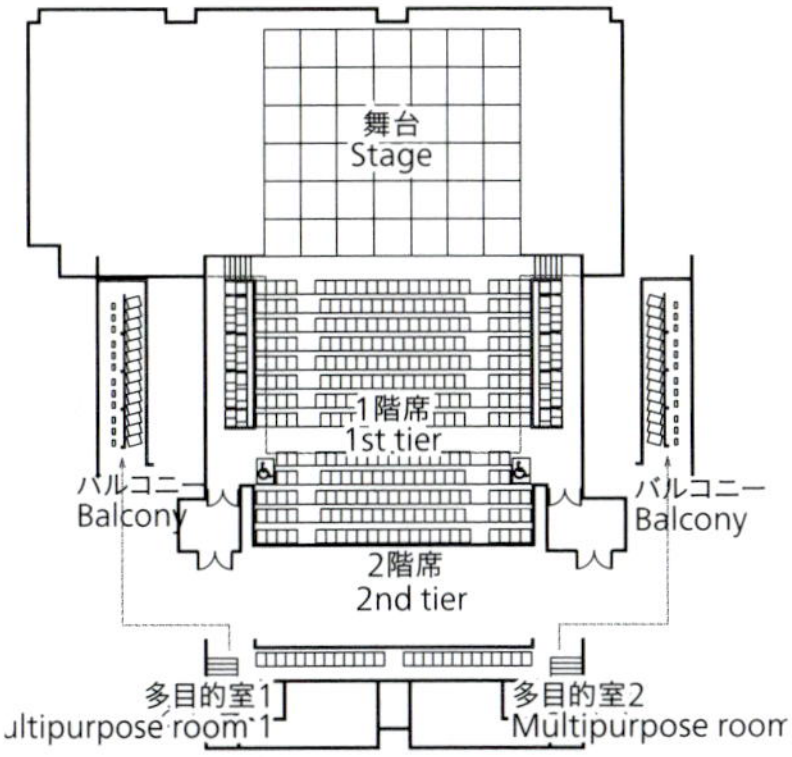

〈久留米座〉。和風のしつらえ

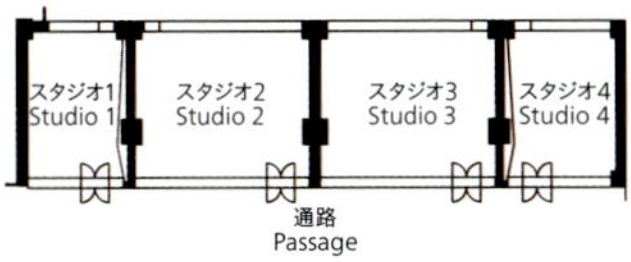

スタジオ。防音性を高めるため、通路と隔てるガラス面が二重に

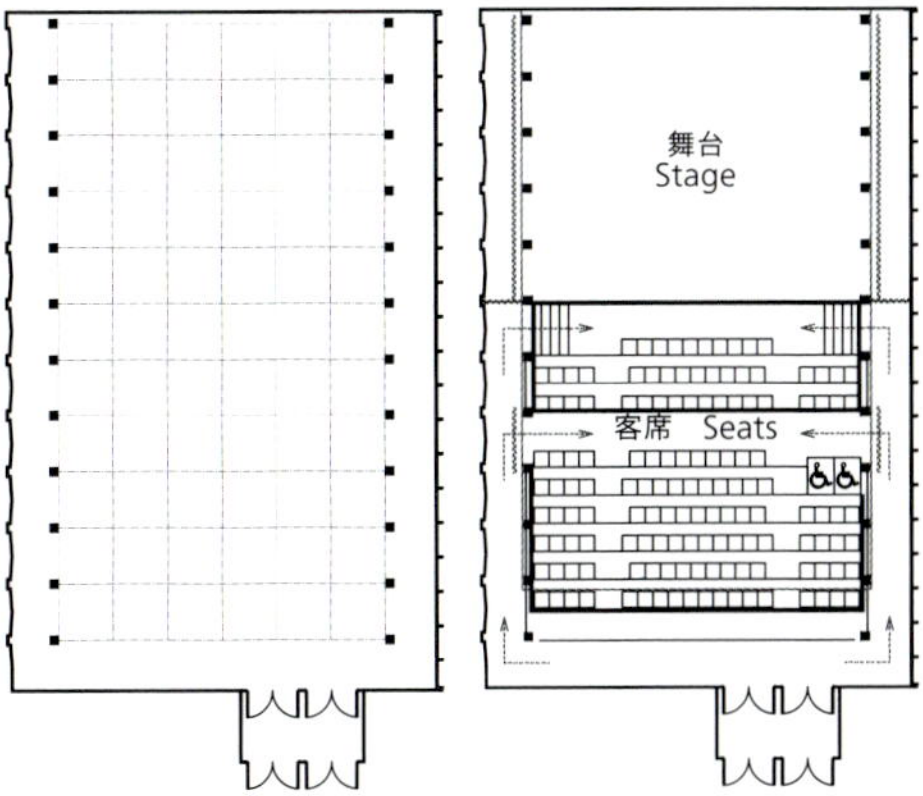

Cボックス（左：床を全面同じ高さにしたリハーサル活用時）

学会の開催などで 医療都市としてさらなる発展を

久留米大学 理事長　久留米大学 学長
永田見生

久留米大学は、これまで医学系を中心として、地元久留米で学会を開催してきました。私が主導した学会としては、2011（平成23）年度の第45回日本側わん症学会、第20回日本脊髄インストルメンテーション学会、翌2012（平成24）年の第41回日本脊椎脊髄病学会等があります。特に日本脊椎脊髄病学会は、参加者が2,000名に上る大規模なもので、全国から先生方にお集まりいただきました。このときは、一番街アーケード街で懇親会を開催しました。商店街の皆さんにご協力いただき、豚骨ラーメンや焼鳥など久留米の名物グルメでもてなし、参加者の方々に大変好評だったのを憶えています。

2011（平成23）年2月、楢原市長さんがホール機能とコンベンション機能を併せもった文化・交流の拠点施設を新設する「（仮称）久留米市総合都市プラザの整備計画」を発表され、私はもちろんのこと、久留米大学としても、ぜひ実現してほしいと思いました。大規模な学会を開催するには、メイン会場の規模は市内の既存施設で対応できるものの、分科会場となる会議室や展示会場の不足から、市外開催を余儀なくされている学会も少なくない状況でした。せっかく大型の学会を誘致できる機会があるにもかかわらず、施設の問題のために久留米で開催できない、そのことを大変残念に感じていたからです。

学会やコンベンションにも利用できる新しい施設ができれば、久留米の特徴でもある医学系の学会が数多く開催できるようになり、医療都市としての久留米のイメージアップにつながるとともに、飲食や宿泊などの消費活動により大きな経済効果がもたらされます。

久留米シティプラザが開館した2016（平成28）年度には、早速、久留米大学として全国や九州規模の学会など8件を開催させていただきました。参加された方からは、ホールから会議室までさまざまな施設がコンパクトにまとまって便利、先進技術を備えた最新設備が充実している等の評価をいただいております。久留米大学としては、今後も久留米シティプラザを活用し、さらなる誘致に努め、医療を中心とした学会の開催やさまざまな催しなどを通じ、地元久留米の発展に寄与していきたいと考えています。（談）

に加えて音楽の練習や、演劇やダンスの練習に合わせた合計4室のスタジオが設置され、防音性、遮音性の高い構造となっている。

また、市民や文化芸術団体、芸術家などが、それぞれの交流を深め、新たな文化創造やネットワーク化などを促進する機能としての文化交流機能として、レセプションなどに活用できる展示室やロビー空間も積極的な機能が位置づけられている。

市民により質の高い文化芸術に触れる場という点では、ホール空間は舞台設備などにも現代の技術を適用した高いフレキシビリティが確保されている。コンサートホールに求められる高品質な音響設計に加えて、劇場利用や講演利用時における音響条件に合わせることのできる電気音響設備を備えたり、空間の利用に応じて照明が可変的に設置できるようなシステムを備えるなど、生きた劇場づくりへのこだわりが、施設諸元の設定にも現れている。

2 広域交流促進の拠点
――人・もの・情報が行き交う広域交流促進拠点

久留米大学はその前身が1928（昭和3）年に設立された九州医学専門学校であり、医学部の存在は現在でも大きい。その影響もあって久留米は昔から「医者のまち」と呼ばれ、市内に34の病院と300を超える診療所など医療機関が多く存在し、人口あたりの医師の数も全国でトップクラスで、地方都市でありながら高度な医療や検査機能を有する病院や診療所に恵まれている。

久留米市の広域交流・コンベンションの特徴は、こうした医療機関の集積を背景に、全国規模を含む多くの医学系学会が開催されていることである。これまで久留米大学などが事務局となって開催した医学系の学会の内、約3／4は、大学施設や市内のホテル、石橋文化ホールなどで開催されてきたが、残りの約1／4は市外で開催されており、2000人以上のものや1500人規模のものが含まれている。市外で開催される要因としては、施設の収容能力不足、会議室数の不足、会議用設備の不備などが考えられる。メイン会場が1会場、分科会場および役員会場として6会場程度を必要とする近年の医学会の傾向を鑑みても、これまでの市内の施設では対応が困難であった。また、施設内の高速インターネット通信回線、電子機器等、さらには搬入用エレベーターの不備やロビーの狭隘さなど、市内の既存施設で激化する誘致への競争力に不足していた。

また九州新幹線全線開業による移動時間の短縮やイ

メージアップなど、都市としてのポテンシャルが高まっている時期にあって、その効果を最大限に活かし、交流人口の拡大と地域経済の活性化を進め、県南の中核都市としての求心力づくりが期待される。さらに、各種の催事や見本市は、広域的な集客やビジネスチャンスにつながることも期待されるため、開催しやすい環境づくりを進めなければならない。このようなことから、広域交流促進の拠点として、学会をはじめとする各種コンベンションの開催に対応できる機能が求められる。

ホール機能でも挙げたように、大ホール〈ザ・グランドホール〉1514席、中ホール〈久留米座〉399席、小ホール〈Cボックス〉144席の3つのホールと展示室、そして十分な数の会議室も備えている。展示室は医学系のコンベンション開催時、医療機器などの重量物を展示する必要から、搬入搬出動線や床の強度もそれに合わせて計画している。

コンベンションなどで打ち合わせを行える会議室は大（360名収容、530㎡）、中（144名収容、240㎡）、小（93名収容、140㎡）がそれぞれ最大3つに分割できるように用意されており、フレキシブルな活用が可能になっている。

また学会などの開催は、終了後、参加者による交流

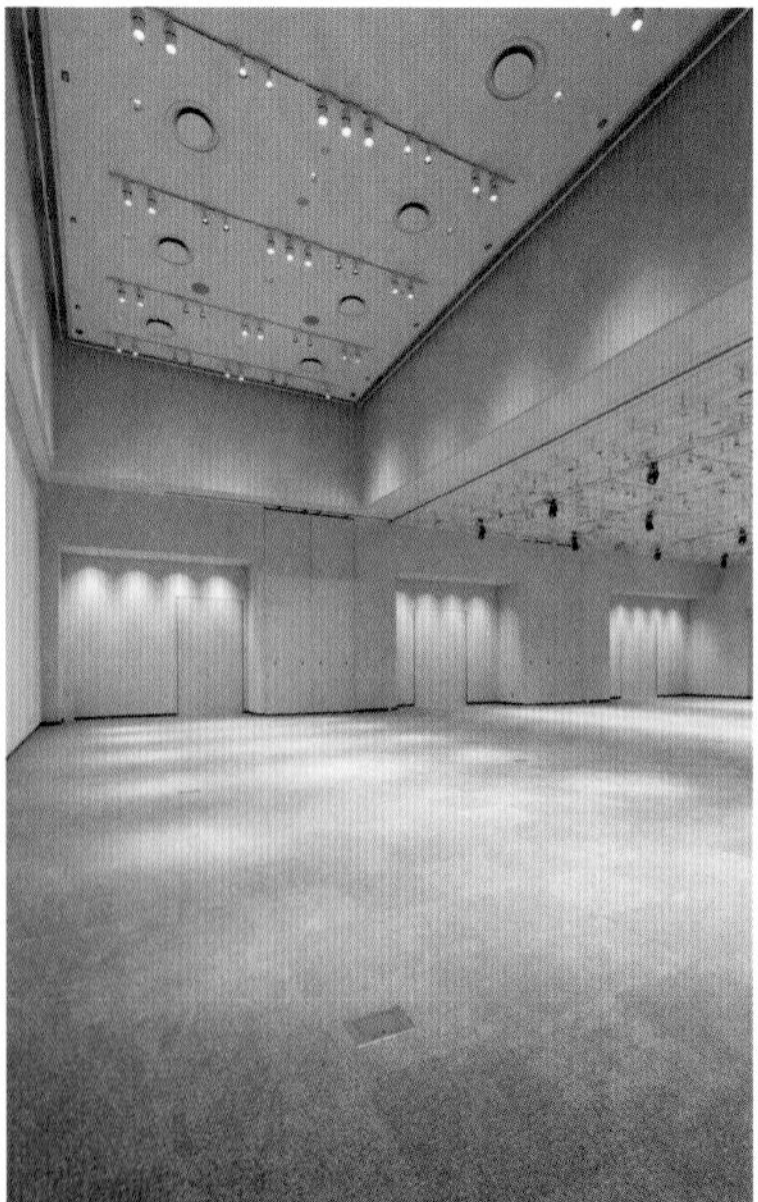

コンベンション利用も想定したつくりの展示室

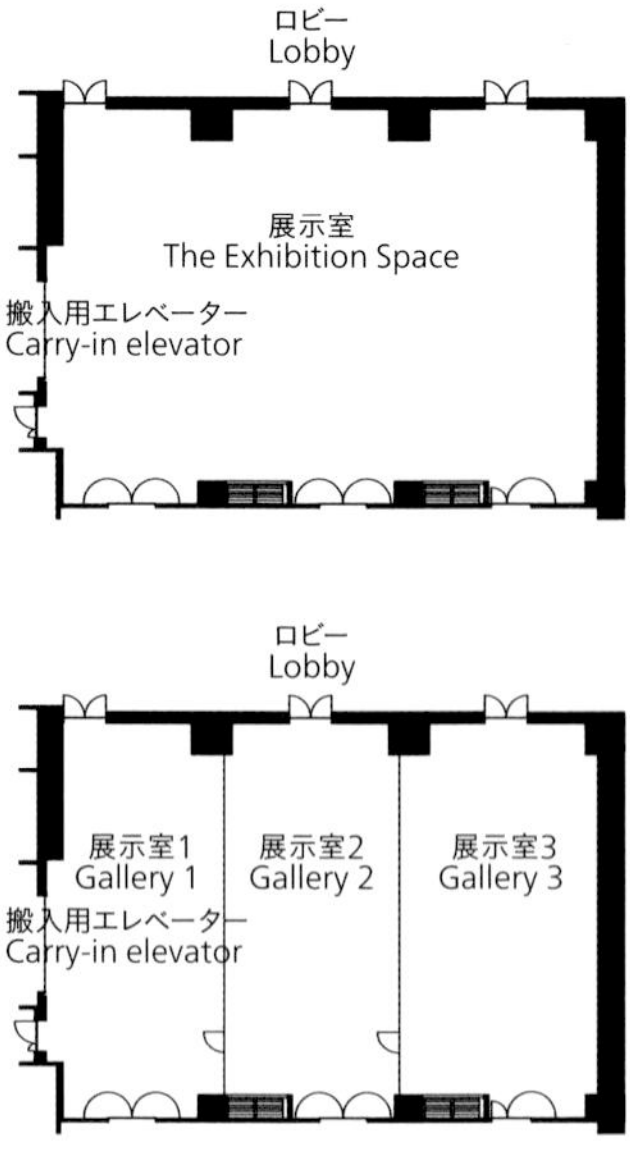

上図は1室利用時。下図は3分割利用時

（アフターコンベンション）が周辺のまちに経済効果をもたらすことが期待されている。マーケティングの用語にあるシャワー効果といえば、デパートの最上階に集客力の高いイベントやショップを配置して、上から下への人の流れを生み出す方法であるが、久留米シティプラザのように都市の中心部に高い集客力の施設を配置することで、久留米シティプラザから西鉄久留米駅方面、JR久留米駅方面へと人の流れが生まれることになる。

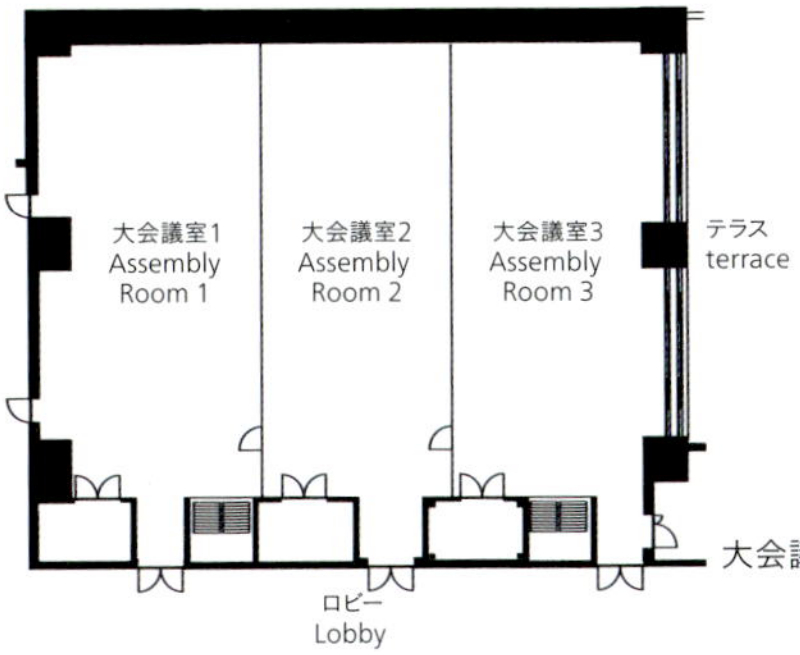

大会議室

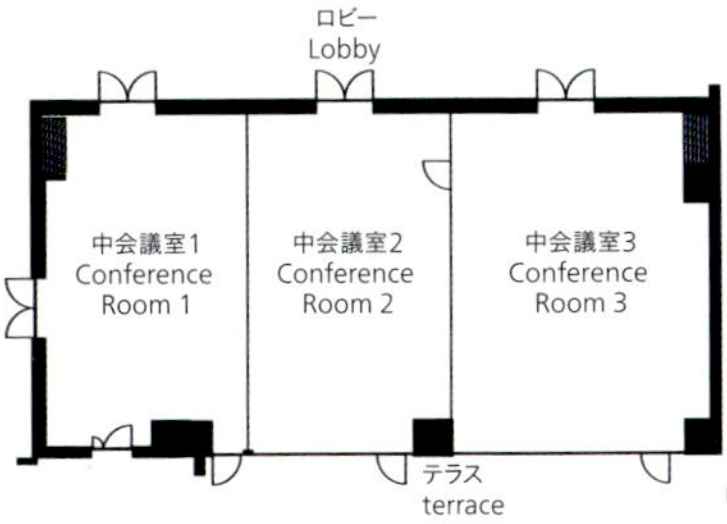

中会議室

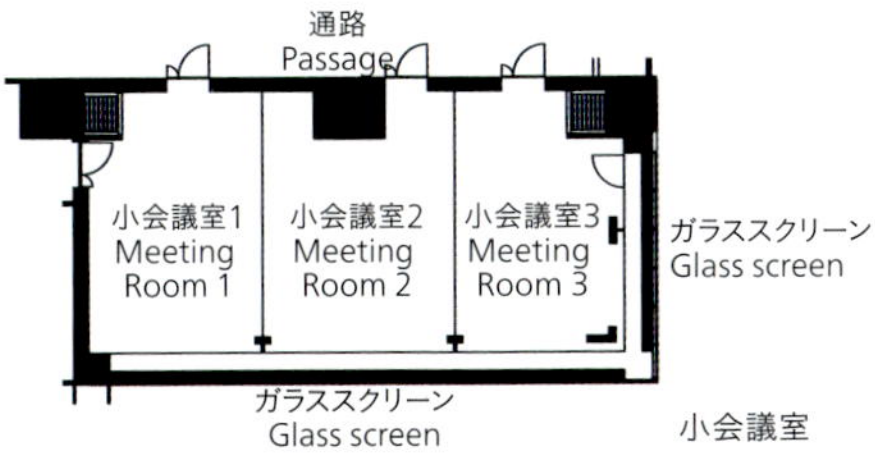

小会議室

会議室はすべて可動壁を取り去ると一室空間として使用することができる（図は、3分割した使用前）

エントランスおよび展示室前の広いロビー空間

大会議室前のゆったりとしたロビー空間

パブリックオピニオンの成果が現実になった

（仮称）久留米市総合都市プラザ検討委員会 委員長
平野　実

2010（平成22）年6月、楢原市長の「中期ビジョン」でシティプラザ建設の方向性が示され、10月に設置された「（仮称）久留米市総合都市プラザ検討委員会」の委員長を任ぜられ、21名の委員の皆さんと討議を重ね、翌年1月に「（仮称）久留米市総合都市プラザ建設の方向性に関する報告書」を提出しました。「市民会館に替る新しい施設を平成26年度までに、中心市街地に整備することが望ましい」という内容でした。その後、私は退任したので、開館直前にご案内を受けて、その大きさに驚きました。ホールは一度つくったら50年は変えられませんから、いいものができたと思います。それ以前の1995（平成7）年に設置された総合文化・交流施設懇話会のお世話もしておりましたが、当時、大勢の人を集めて行ったパブリックオピニオンでも市民会館建て替えの声が非常に大きく、当時は予算の目処が立たなかったため、まさか皆さんの要望をすべて叶えたような施設ができるとは思いませんでした。

オープニング企画でウィーン・フィルハーモニーが来ると聞いて、また驚きました。福岡でも呼べないものを引っ張って来るのは大変なことです。芸術顧問の佐藤信さんがサントリーホールとの縁があって実現できたそうですね。素晴らしいことです。僕はやはり、施設の事業展開がどうなるかは人にかかっていると思うんです。いいものを引っ張ってくるのは大変なんです。ましてやこんな世界規模の催し物を地方都市でなかなかできるものではありません。これからも、久留米市のためにやっていただく人を確保し続けていけるか、それが一番大変な仕事だなと思っています。

オペラに関しては舞台の広さの制約はありますが、小さいものなら音はいいので、歌手も喜ぶと思いますね。歌う側の設備が非常にいいですし。私には、私と同じ声（喉頭科）の先生でニューヨークのメトロポリタン歌劇場の主治医をしていた友人がいますが、彼に招かれて一度ニューヨークに行った際、食事中に彼に電話がかかってきたんです。上演中のオペラの主役の声の調子が悪くなったから、「ドクター、すぐ来てくれ」と。一緒に行って、僕らが舞台の袖で彼女が歌う合間に薬を喉に塗って、とうとう最後までそれで歌いきったことがありました。劇場というのは必ずそういう医者が必要ですが、久留米大学病院にそういう人材もいますから、オペラもやってほしいですね。（談）

「（仮称）久留米市総合都市プラザ建設の方向性に関する報告書」を市長に提出

3 賑わい交流の拠点
——人が憩い・安らぎ・楽しさを感じるまちなか広場

第3の基本的機能「賑わい交流の拠点」は、「魅力ある空間を創出し日常的な憩いや安らぎを提供する機能」として、そこに来るさまざまな人の活動ステージとなり、ふれあいと楽しさで賑わいを創出する機能が目指されている。まちなか広場すなわち〈六角堂広場〉がこの機能の中心的な空間となる。

既存の六角堂広場を含む街区（9番街区）は、2度にわたる火災を経て、再開発事業に向けた取り組みがなされてきたが、キーとなる誘致の目途が立たず、1999（平成11）年に事業化が断念され、その後、市が用地を取得し、商業機能を補完し、周辺商店街へ波及効果を図る施設として整備を行った。もともと六角堂広場が有していた市民の交流の場やまちなかの賑わい創出機能は、必要不可欠な機能であると位置づけながらも、広場がもつ開放的な雰囲気を残しながら、季節、天候、騒音、楽屋機能等の課題を解決し、日常的な賑わい交流機能が演出できるよう広場機能の一層の充実が図られた。

新しく生まれ変わった〈六角堂広場〉は約1320㎡の四角い広場で17・5mの高さに半透過性の膜屋根がかけられ天候に関わらず催し物が開催できる。六ツ門商店街、明治通りから直接アクセス可能で、大階段を上って〈ザ・グランドホール〉のロビーへとつながる印象的な場面展開が設計された。広場にはさまざまなイベントに対応できるように、昇降式のステージや、電気・給排水設備が備えられ、上部に巡らされた照明設備や音響設備

ステージは昇降式（写真時は床面とフラットな状態）

膜屋根がかかり、天候に左右されない空間。上部は照明等の設備空間に

ワークショップの開催で賑わう〈六角堂広場〉

はイベント毎に増設が容易なシステムで組まれており、屋外シアターとしても使いやすい空間となることが目指された。

〈六角堂広場〉については基本計画の時点から「日常的な憩いの機能」「多様なイベント開催機能」「総合都市プラザとの一体的活用機能」〈注：名称決定以前〉、「飲食・物販サービス提供機能」など、広場としては高い機能的拡充が意図されていた。劇場建築やコンベンション施設は一般に上演時、イベント開催時にのみ賑わいが集中しがちで、かつホール内の模様は外部からうかがい知れないため、新しい〈六角堂広場〉は「もうひとつの大ホール」のように、久留米シティプラザが生み出すさまざまな賑わいをまちなかに「見える化」する役割も果たしていくだろう。

4 六ツ門地区の商業の拠点
——人が賑わい・憩い・楽しむ商業の魅力創出

久留米市の中心商業地は、東西の百貨店を約８００ｍの商店街が結ぶ2核1モールの特色をもつ商業集積地として栄えていた。その要でもある六ツ門地区は、東西の交通結節点である西鉄久留米駅とJR久留米駅の中間に位置し、広域幹線道路が集中している地区である。また、金融・保険などの業務施設も集積し、都市基盤が充実している。しかしながら、長年親しまれてきた久留米井筒屋の閉店に見られるように商業機能の低下に伴って賑わい機能が失われ、中心市街地としての六ツ門地区の再生は喫緊の課題であった。

こうしたなか、六ツ門地区においては、商業施設や公共公益施設などが入居する「くるめりあ六ツ門」がオープンし、市民生活支援機能が向上するとともに、新世界地区においては優良建築物等整備事業の着手により、まちなか居住の環境整備が動き出すなど都心再生に向けた取り組みが進み出している。そうしたなかで六ツ門地区の最大の課題は、久留米井筒屋跡地を含む一帯の再生であった。

久留米シティプラザが立地する六ツ門8番街区と9番街区は、南側が２００ｍにわたってアーケード街の六ツ門商店街に面している。施設の長大な壁面が商店街の片方を塞いでしまうのではなく、施設にとっては全天候型でまちの賑わいのあるアクセス空間としてその場所の力を利用することができ、施設を挟んだ大通り（明治通り）との回遊性を高めることができれば、日常的な賑わいの創出に加えて、コンサートや学会などのコンベンションで大勢の人が集まる際には商業的な効果も期待することができる。久留米シティプラザがこの場所にできることで、シティプラザを訪れる人々は、自動的に久留米の中心市街地を楽しむことになり、シティプラザでのイベント時に発生する飲食をはじめとするサービスを商店街が間接的に提供する機会が創出される。結果的には大きな寺社とそこに発展した門前町や参道沿いのまちのように、久留米シティプラザと商店街、そこから連続する中心商業地区との関係が育まれることになるだろう。

アーケード下の商店街

久留米シティプラザに隣接して続くアーケード

基本計画に謳われた4番目の基本的な機能「六ツ門地区の商業の拠点」としては「新たな商業施設によって六ツ門地区の賑わいを活性化、再構築する機能」と「緑に包まれた新たな癒しの空間を創出し、来街者に憩いと安らぎを与える機能」が設定されている。前者については、隣接する六ツ門商店街との機能補完をにらみながらレストランやコンビニなどの商業施設が路面に配されている。後者については、久留米シティプラザの主要なエントランスとなる六ツ門交差点に面した8番街区北西角に〈六ツ門テラス〉が設けられている。久留米シティプラザのメインエントランスに面しており、明治通りの往来と施設とをつなぐ場所として計画されている。緑に包まれた憩いと安らぎの場所として、テーブルやイス、ベンチを常設しており、オープンカフェとして利用することもできる。

　また、六ツ門あけぼの商店街に直接面して設けられた多目的な憩いのスペース〈カタチの森〉はカフェカウンター、授乳室、多目的トイレ、外部ウッドデッキを備え、〈六角堂広場〉へも直接開放することができる空間となっており、アー

Comment

芸術のもつ温かさ・安らぎを市民に提供したい

久留米連合文化会 会長
木村清吾

久留米連合文化会（以下、連文）としては、久留米シティプラザの事業が発表された際に、全面的に賛成しました。ここを拠点にしながら久留米の市民に、芸術の温かい部分、安らぐ部分を提供したいと考えています。まず開館後すぐに和室〈長盛〉を使って大茶会を行いました。久留米大茶会旧久留米藩主の子孫で、金閣寺や銀閣寺などの住職を務める有馬頼底猊下をお迎えしての茶会でした。

連文主催の大きなメインイベントは同年（2016（平成28）年）6月26日に〈ザ・グランドホール〉で開催した「緑の追想～丸山豊の追想記より」という演劇公演です。連文を創設した丸山豊先生が残されたメッセージを演劇公演に仕立てたものなのですが、すべて生の声で行うもので、日舞あり、お琴あり、さらにピアノ、歌、バイオリンなどが入って、語りがありながらも、さまざまなパフォーマンスが組み合わされて当時の描写をしていくものです。子どもたちのバレエがあり、謡曲をしたり、それから児童合唱もある、ほとんど総合芸術のスケールで行っている、久留米の連文オリジナルの企画なのです。

「緑の追想」チラシ

連合文化会というのは各ジャンルの芸術を専門にするセミプロの人たちの集まりなのですが、久留米のように各分野の会員がコラボレーションできるのは全国でもまれです。丸山先生がそういうコラボレーションを求めたのです。

また、連文とは関係ありませんが、私は久留米市民オーケストラの副会長もしておりまして、主に合唱団の指導をやっております。久留米シティプラザの杮落としの定期演奏会では100人近い団員らに公募の市民330人以上も加わってベートーベンの「交響曲第九番」を演奏しました。第一次世界大戦で敗れたドイツ人捕虜による第九演奏が、1919（大正8）年12月に久留米高等女学校（現・明善高校）でありまして、これが一般の日本人が初めて聴いた第九だという縁があるのです。1,514席の〈ザ・グランドホール〉がほぼ満席で大成功でした。

久留米シティプラザにはいろんな施設があるので、子どもさんを連れて遊びに来ることもできるし、ぜひここでそういうふうにしながらも、「〈ザ・グランホール〉もありますよ、〈久留米座〉もありますよ」ということで立ち寄っていただければ、久留米の文化芸術がまた少し高まっていくんじゃないかと思っています。（談）

ティストの tupera tupera のデザインによって商店街に子どもから大人まで多世代がアクセスしやすい明るい雰囲気をつくり出している。

4つの機能の重なり合い

商店街側から見た〈カタチの森〉

ここまで、久留米シティプラザに込められたコンセプトと、それを元にして表された4つの基本的機能「文化芸術振興の拠点」「広域交流促進の拠点」「賑わい交流の拠点」「六ツ門地区の商業の拠点」について、「(仮称)久留米市総合都市プラザ基本計画」を基軸として、それに先立つ同整備計画、基本計画をさらにブラッシュアップした「施設諸元」と併せて見ることで、この大きな施設が計画されるに至った経緯と計画へ込めた理念、アイデアを概観した。

4つの異なる機能がひとつの施設で計画される場合、一般に複合施設と呼ばれるが、異なる機能が加算的に組み合わさって計画されるケースが多く、同じ構造躯体の中に別々のハコが入っているように計画される施設が多いが、久留米シティプラザが特徴的と言えるのは、4つの異なる機能とそれを担う空間が、互いに排他的ではなく、補完的であるという点だ。文化芸術のための空間であると同時に広域交流のための空間としても機能するように、あらかじめ計画されているという点が重要である。文化ホールとしてつくったものを後から別の用途に（例えば国際会議に）活用するのとは計画の時点から異なるのである。あらかじめ空間のタイムシェアリング前提となっており、4つの拠点機能が相互に効果を高め合うことが意図されている。その意味で旧来の施設の計画に比べて高度に複合的であり、それらを十全に機能させるためのマネージメント、すなわち管理運営計画、ソフトのデザインが、ハードの計画にも増して重要になってくるのである。次節からは久留米シティプラザの管理運営計画に焦点をあてる。

公共と民間の連携による サービス提供

株式会社ハイマート久留米 常務取締役
荒木猛夫

時代環境の変化により「モノ」から「コト」へと興味・関心の対象が変化しているなかで、商店街に必要なのは、商品販売だけではなく、久留米シティプラザを核とした中心市街地エリアの魅力創出だと考えています。中心市街地エリア全体としての魅力創出が、商業の魅力創出につながるものと考え、今後のまちづくりに取り組んでいきたいと思います。

久留米シティプラザに設けられた商業スペースは、一体的な大規模店舗ではなく、個別店舗が連坦した商業スペースであることが重要です。キラリと光るテナント、久留米での一番店のテナント等が展開され、多くの購買客から支持を受けています。従来の地元商店街にはなかった業種・業態のテナントに入居していただいたことにより、商店街としての新たな魅力が生まれたと考えています。

アーケード街に面する久留米シティプラザ1階の商業スペース

久留米シティプラザの商業スペースの役割は、シティプラザの利用者や中心市街地に居住する方々に対して飲食サービスなどの利便性を提供するとともに、久留米シティプラザの公共空間機能を補完するような佇まい・機能を発揮することだと考えています。公共空間は、利用される方々に対して、条例規則に定められた範囲内での貸し出しが中心となった空間です。それに対して民間の商業空間は、自らの店舗へ目を向けるために、積極的に利用者に語りかけ印象づける空間となります。つまり、店舗は、利用される方々に向けたオープンな空間であるとともに、六ツ門商店街、ほとめき通り商店街の通行者の興味・関心を久留米シティプラザに惹きつけ、シティプラザへの期待感・親近感を高め、将来の利用行動に結びつけるきっかけとなる役割を担っているものと思っています。

久留米シティプラザのイベントを楽しまれる方は、まず店舗でくつろぎ、日常とは異なった時間・空間への入り口として利用していただきたい。またイベントが終了した後は、日常の時間・空間へと帰るクールダウンの機能を提供することにより、久留米シティプラザと連携したサービス提供ができると思います。(談)

「久留米方式」
久留米シティプラザのスタートアップ期の管理運営

久留米シティプラザの運営方式

3つの本格的なホール、全天候型の多機能な広場、さまざまな規模の会議室やカフェが有機的に複合している久留米シティプラザは、基本計画（2011（平成23）年11月策定）で謳われている『賑わいと憩いが調和する「文化」・「活力」創造空間』を目指している。それを実現するために設定された4つの機能――文化芸術振興の拠点、広域交流促進の拠点、賑わい交流の拠点、六ツ門地区の商業拠点――が十分に発揮されるためには、施設の管理運営の方法が鍵となる。都心に生み出される「新しい広場」とも呼ぶべき施設の動かし方・活かし方こそが、まちに新しい息吹をもたらしてくれるからである。

２０１２（平成24）年２月に建物の基本設計が完成するのに続き、翌年の２０１３（平成25）年３月「（仮称）久留米市総合都市プラザ管理運営計画」が策定された。前年の７月より管理運営計画検討ワーキングにより８ヶ月の期間で総勢90名による37回におよぶ検討会を経て練り上げられた管理運営計画である。そのなかで最も重要なポイントは「誰が管理・運営していくのか」ということ、すなわち管理主体である。同管理運営計画のなかで、久留米シティプラザにおける管理運営主体は当面の間「市による直営」と定められた。

> 施設の評価については、開館後２~３年程度で定着し、その評価は、その後なかなか変えられないと言われている。開館後、長く施設の評価に影響する重要なこの期間の施設運営を、組織計画の基本方針に沿って責任を持って果たしていける体制は、優秀な人材の確保や地域との連携、多様な事業展開の導入などの視点からも、市による直営であると考える。
>
> 「（仮称）久留米市総合都市プラザ管理運営計画」3pより

直営を選ぶということは、いわば指定管理者制度の回避であると考えることができる。指定管理者制度は、２００３（平成15）年６月に地方自治法が改正、９月に施行されて「公設民営」の潮流に乗って全国の公の施設において急速に普及した。指定管理者制度以前は公立のホールや劇場は直営か、地方公共団体が出資する財団や第三セクターへの管理委託に限定されていた。指定管理者制度導入後は民間事業者やＮＰＯなどを含む幅広い事業者の「民間活力」を導入することによる柔軟な管理運営が期待されてもいたが、管理運営上の支出に対して十分な収益性が見込める施設と比べてホールや劇場は元来収益性に乏しい側面があり、文化芸術の醸成とそれを担う人材の育成に期間を要するという観点からも、公共的団体が指定管理者となるケースが多かったという。久留米市によれば、この施設における「文化芸術振興」に加えてもうひとつの柱となっている「広域交流促進」の拠点機能、すなわち学会をはじめとする各種コンベンションの開催に対応できる機能（いわゆるＭＩＣＥ機能）を同時に満たすという施設機能の複合性を考えたとき、ホールと広場を両面から十分に管理運営できる機関や団体は市内になく、まず直営で行い、業務を検証していきながら地域での連携体制をつくっていくことが大事だという。久留米都心の中核的な賑わい施設であった久留米井筒屋が２００９（平成21）年２月に閉店した広大な土地に、４

つの機能を併せもつ巨大な公共施設を建設するという思い切った決断を「ハコモノ行政」に終わらせず、まちの息吹を取り戻すための大胆な策として成功に導くために選ばれた「直営」であったと言えるだろう。全国的に見ても都心部再生の手法として久留米シティプラザの建設は意欲的な事業である。「新しい広場」とも言える規模の施設に込められた複合的な機能のスタートアップをまずは市が直営で取り組み、初期に決定づけられるという施設の評価を市自らの責任で醸成していくという覚悟に久留米市の文化政策への積極的な姿勢がうかがえる。

「久留米式」直営：組織

久留米シティプラザにおけるスタートアップ期のために選択された「直営」。運営組織を計画していくにあたっては「❶貸館事業に加え自主事業の積極的な展開」「❷専門スタッフの起用・育成」「❸市民参画と地域との連携」が掲げられている。自主事業に重きを置き、専門スタッフの育成、地域との連携を強く押し出す基本方針には、前述のような久留米市の積極的な姿勢がうかがえるが、その運営体制はどのようにデザインされているだろうか。

施設の管理運営には、豊富な経験と技量や創造的な発想力を有する専門的なスタッフが必要不可欠である。管理運営計画では経営、事業、技術部門において、特に専門的能力を有した人材を責任者として配置することを定めている。正規職員と専門スタッフ職員を中心として編成される職員体制において、専門スタッフ職員として❶経営責任者（支配人など）、❷事業責任者（芸術監督など）、❸技術責任者（技術監督など）といったこの施設の価値を高めるための重要な役割を定めている。自主事業の積極的な展開や専門スタッフの育成にとって運営組織の高い機能性を期待した計画である。また同時に市の正規職員とともに直営として運営されることによって、指定管理者では行き届かない地域課題に対して柔軟に対応できることが目指されている。

この管理運営計画の制定に合わせて２０１３（平成25）年度より「総合都市プラザ推進室」が設置され、新しい施設の機運醸成のための事業（情報誌「まちプラ」の刊行、さまざまなプレ事業の推進）がはじまる。また同年、（仮称）久留米市総合都市プラザ名称検討委員会によって施設の正式名称が「**久留米シティプラザ**」に決定した。２０１６（平成28）年４月の開館時の体制を早期に整備し、円滑な開館につなげるため、２０１５（平成27）年７月１日付けで、これまでの推進体制から開館後の運営体制に移行すべく、総務課、施設整備課、舞台技術課、施設運営課、事業制作課の5つの課からなる［**久留米シティプラザ**］が設置された。

　また、専門性の高いスタッフを配した直営チームによる運営において、市民が主体的に運営に参画できる仕組みとして、各種団体等（文化芸術団体、周辺商店街、地域コミュニティ組織、商工観光団体、大学等）との連携についても検討していく他、新しく久留米シティプラザを支援する組織も整備されていく。例えばホールや広場などにおける施設運営のサポート、情報誌の取材や施設広報活動のサポートといった運営を支援する組織、協賛を募れるような賛助会員制度を運用する資金面での支援組織等を位置づけ、市民による運営への参加にさまざまな方法を想定している。

事業計画：自主事業・提携事業・貸館事業

　求められる4つの機能——文化芸術振興の拠点、広域交流促進の拠点、賑わい交流の拠点、六ツ門地区の商業拠点——が十分に発揮されるように高い専門性を有する直営方式という組織計画が行われている久留米シティプラザは、それらの機能を具現化していくためにどのような事業を行っていくのか。管理運営計画では自主事業、提携事業、貸館事業をバランスよく展開する方針として次のように謳っている。

❶多彩で魅力ある自主事業の展開
❷提携事業による市民の活動支援と効果的な事業実施
❸積極的な貸館事業の推進

　自主事業とは、運営主体（久留米シティプラザ）が自ら主体となってすべての責任を負い、作品創造や人材育成などを行う事業のことである。市民が多様なジャンルの文化芸術に触れることができる事業や、次代を担う子どもたちの豊かな感性と心を育むための事業、商業施設や周辺商店街と連携してまちなかの賑わいを創出する事業などを展開する。また、地域の独自性を活かした事業などを展開することで、久留米の歴史ある伝統文化や地域資源を再発見し、次世代へ受け継ぐ担い手を育成するとともに、新たな久留米ならではの文化・賑わい・価値を創造・発信する。

　提携事業とは、外部団体や個人が企画・制作する事業のうち、施設の事業実施方針と合致するものについて、主催者と責任を分担して、施設の先行予約や利用料金の減免、広報、チケット販売などの協力を行う事業のことである。自主事業に加え、市民や各種団体等が企画・制作する事業と連携することで、自主的な文化芸術活動や賑わい創出活動を支援・促進するとともに、久留米シティプラザで実施する事業内容の充実を図る。

貸館事業とは、公演・会議・大会等を行う市民や団体などに施設を貸し出す事業のことである。文化芸術をはじめとした市民のさまざまな活動のハレの場や、事業者のさまざまな集会や会議の場を提供するとともに、興行主等が実施する良質なコンサートや演劇などの鑑賞の場を提供する。

また、各種の学会や大会、展示会等のコンベンションの誘致や〈六角堂広場〉で市民等が行うさまざまなイベントによる利活用を図る一方で、催し物がなくても日常的に施設に賑わいが生まれるよう、練習室、会議室、広場などの日常的な市民の活動の場としての利用を促進する。

さらに、自主事業の他、市のさまざまな施策や催事においても、積極的に施設を活用する。

以上が久留米シティプラザの事業計画における基本方針である。

自主事業、提携事業、貸館事業という3つの事業計画基本方針に則り、事業実施に際して次の8つの事業展開の方向性を定めている。❶子ども育成事業、❷鑑賞事業、

事業計画基本方針

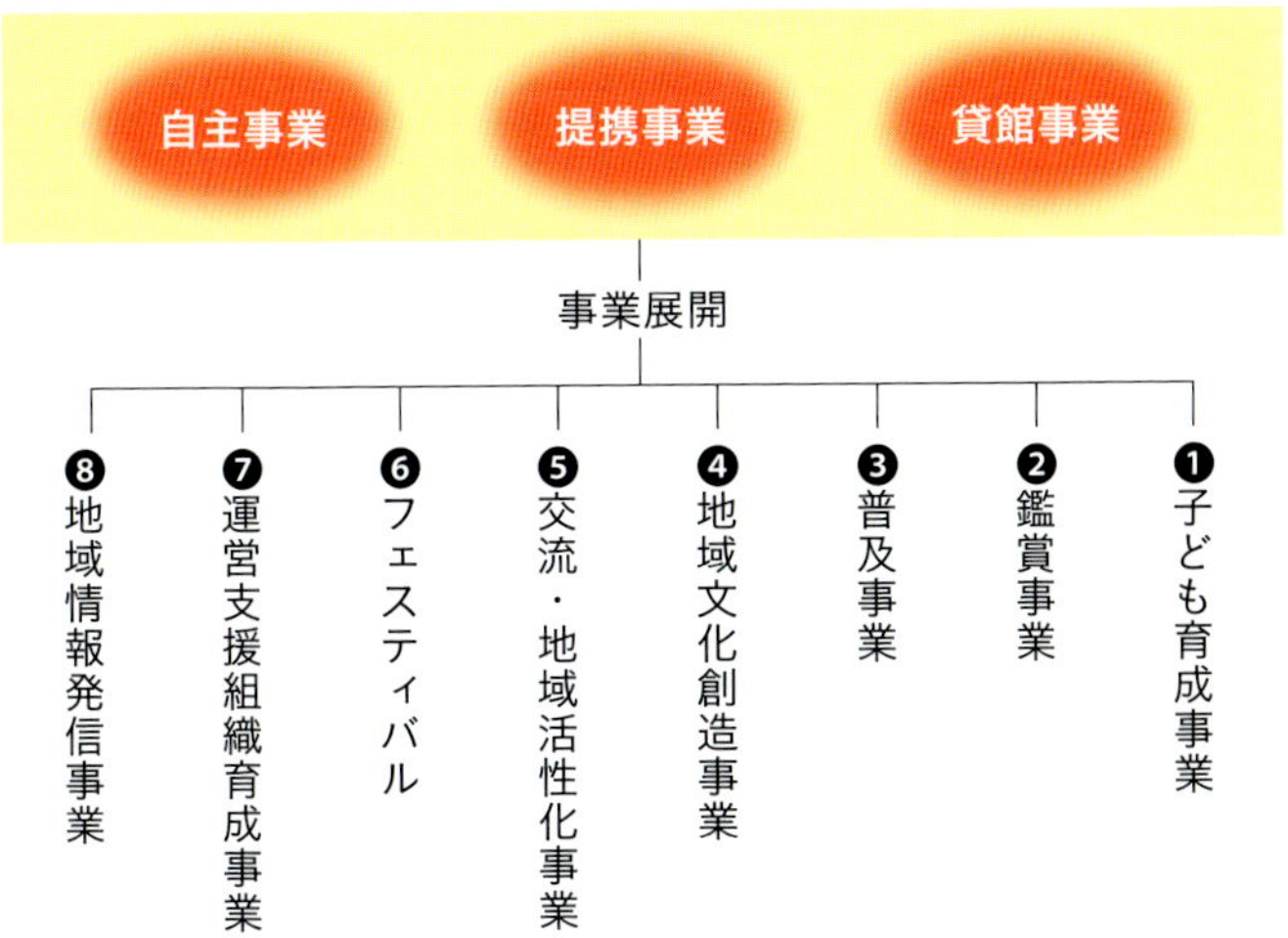

❸普及事業、❹地域文化創造事業、❺交流・地域活性化事業、❻フェスティバル、❼運営支援組織育成事業、❽地域情報発信事業。

これら多様なジャンルの事業をバランスよく実施することを通して、4つの機能に掲げられている文化芸術振興、広域交流の促進、まちなかの賑わい創出を具現化していくという計画である。

久留米シティプラザ開館へ向けて：プレ事業と開館記念事業

「総合都市プラザ推進室」が設置された2013（平成25）年度から開館までの3カ年の期間、久留米シティプラザ開館へ向けた市民への周知や機運の醸成、市民等との協働体制づくりを目的として、プレ事業が計画された。プレ事業は「知ってもらう事業（話題づくり）」「みせる事業（利用者づくり）」「つながる事業（応援団づくり）」という方針のもと、スタッフの育成・訓練などの視点も含め、各所に出向いて演奏会等を行う出前公演、建設現場に隣接した六ツ門商店街で行う「街なかプチコンサート」、ほとめき通り商店街などで行う大道芸、アーティストtupera tupera（ツペラツペラ）と親子みんなでつくる美術工作ワークショップなどを実施してきた（106-113p）。市民から反響の大きかったtupera tuperaのワークショップや「久留米たまがる大道芸」は開館後も引き続き開催することになった。

また、開館後1年間はオープニングシリーズとして開館記念事業（オープニング事業）が計画された。開館記念事業は、久留米シティプラザの施設内容と機能、施設が行う事業、利用方法などについて、広く内外に発信するための機会として、シティプラザの将来を左右する重要な事業であると位置づけられ、いわゆる柿落とし公演と一般的にいわれる単発企画で終わるのではなく、開館年度（2016（平成28）年度）を通して継続的に取り組み、後年度の自主事業、提携事業につながっていく継続性をもった事業展開を図る取り組みであった。具体的な内容としては、〈ザ・グランドホール〉〈久留米座〉〈Cボックス〉、広場、展示室、和室〈長盛〉などそれぞれの施設の特徴を活かし、「国内外の一流舞台芸術の上演」「久留米市オリジナル」「市民が直接参加」といった観点から企画構成された（114-120p）。

都市再生10年計画の折り返し地点

2016（平成28）年4月27日に開館した久留米シティ

プラザは、5月1日より会議室、和室、スタジオ、展示室の一般貸出しを開始、8月より〈ザ・グランドホール〉〈久留米座〉〈Cボックス〉〈六角堂広場〉の一般貸し出しを開始した。8月～翌年1月の3つのホールの稼働率は平均71・5％で、なかでも〈ザ・グランドホール〉は84・8％、〈六角堂広場〉は70・1％と高い稼働率となり、実質ほぼすべての枠が埋まっている状態となっている。旧市民会館と旧六角堂広場の年平均来場者数が31万人であったのに対し、開館から翌年1月までで約45万人を超える来館者を数えており、年間来館目標である61万2800人を達成する見込みでスタートを切れたといっていいだろう。久留米シティプラザに求められる4つの機能—文化芸術、広域交流、賑わい交流、商業—に照らし合わせて見ると、広域交流にあたるMICE、コンベンションの誘致に関しても2016（平成28）年には国際規模3件、全国規模10件を含め久留米シティプラザで25件が開催され、飲食や宿泊など周辺商店街への経済効果も期待されている。

2011（平成23）年2月に久留米市総合都市プラザ検討委員会からの報告を受け「（仮称）久留米市総合都市プラザ整備の方向性」が発表されてからわずか5年間の内に久留米シティプラザが開館し、稼働をはじめた。久留米の都心に変化の兆しも見えはじめている。久留米シティプラザのスタートアップ期となるこれからの5年間、市が直営によって実現していかなければならないのは、施設の成功にとどまらず、久留米シティプラザが推進エンジンとなった中心市街地全体の活性化である。「新しい広場」を挿入し、文化芸術の力でまちを再生するという「久留米方式」の都市再生。10年がかりの大プロジェクトは、今まさに船出したところである。

Column 1

公共ホールにおける直営方式

談：いわき芸術文化交流館アリオス支配人　大石時雄

2003（平成15）年6月に地方自治法が改正された際に誕生した指定管理者制度は、多くの公共施設で活用されてきた。公共ホールにおいてもしばらくの間は指定管理者制度が注目されていた。2009（平成21）年に福島県いわき市に完成した「いわき芸術文化交流館アリオス」は、こうした潮流のなか、直営での管理運営をすることで話題を呼んだ。施設の企画段階から関わり、現在支配人（副館長）を務める大石時雄氏に話を聞いた。

「いわき芸術文化交流館アリオス」（以下、いわきアリオス）は2009（平成21）年に平市民会館の建て替えとして、平中央公園に面した場所に建設されました。いわき市が直営で管理運営しているので館長は市役所職員で、私は劇場運営の専門家、支配人（副館長）として施設の管理運営を行っています。公共ホールの立ち上げと運営に初めて関わったのは、兵庫県伊丹市の「伊丹市立演劇ホール」（アイホール）です。「パナソニック・グローブ座」（現東京グローブ座）、「可児市文化創造センター」の制作担当や「世田谷パブリックシアター」の設立にも参加しました。ですから劇場運営が儲からないことはよくわかっているんです（笑）。

直営と指定管理

主に大きな施設の管理運営は直営か指定管理かの選択になります。久留米シティプラザは直営になりましたね。直営を選ぶということは、すなわち、指定管理を回避するということです。2003（平成15）年6月に地方自治法の改正によって、指定管理者制度が生まれ、9月に施行されました。その後、3年間の経過措置、準備期間および、その後の数年間は、この制度は注目を浴び、さまざまな議論も呼んで、自治体や文化施設の現場も試行錯誤をしながら取り組みはじめていました。私は直感的にホールや劇場の運営は儲からないので、公共文化施設の民営化は行き詰まるだろうと感じていました。

演劇が盛んなドイツ・ベルリンなどで一年中公演をしていて、毎日お客さんがよく入るような劇場でも、年間運営費の9割は連邦やベルリン州、公共からの助成金を貰っていました。チケット収入と一般市民やサロンからの寄付で残り10%を賄って運営していました。素晴らしい舞台を創って、観客がたくさん入って、芸術監督をはじめとする創作集団を抱えて成功している劇場でさえ、9割は公的な補助がなければ運営できない。そもそも利益を上げられない施設、業界。結局、ホールや劇場は儲からないのです。公立文化施設を民営化しても経営は成り立たないのです。

そもそも指定管理者制度の成り立ちが制度先行で進んだきらいがあり、道路や駐車場ならともかく、ホールや劇場、美術館、文化芸術関連施設においての公共サービスを民間企業が運営した場合に、公共的な価値が本当に担保されるのかということの論議が十分でなかったと思います。佐藤信さんが芸術監督を務めている「座・高円寺」は、指定管理者制度で行われていて、成功している施設のひとつですが、稀有な例とも言えます。指定管理者制度の建前はナンセンスだと思います。民間にしかできないノウハウがあるというのは間違っていて、いわきアリオスは直営でも民間並みかそれ以上のことができていると思います。施設を運営する組織が、役所か民間かではなく、専門職がそこにいるかどうかが問題なのです。

直営を選択する3つの理由

いわきアリオスの直営方式を考える際に、まず第一に従来型の財団法人による管理運営に内在していた組織構造上の問題（行政からの出向職員と現場の専門職員からなる組織における予算と人事の決定権に関する課題）を解決しようと思いました。ヒエラルキーを一本化するために運営組織の館長を民間から登用するのではなく、市職員にすること、専門家集団のリーダーを館長の下に、副館長兼支配人として置く。そうすればヒエラルキーを一本化できる。そんな構造が良いんじゃないかと提案しました。行政の人間が財団法人などの外部機関に出向するのではなく、我々が市のなかに入り込むという方法です。

第二に学校との関係。自主事業として

は「学校アウトリーチ」になるんですが、直営にすることで、教育委員会という「壁」を越えやすくなります。いわき市は周辺の14市町村が合併してできました。いわき市の面積が東京23区を合わせた面積のおよそ倍あって、いわきアリオスから遠い小中学校がたくさんあるのです。しかも、児童・生徒の数が極端に少なく、芸術鑑賞会などを実施することさえ難しい。親たちがいわきアリオスに連れてくる機会もほとんどない。それで、芸術家を学校へ連れていくアウトリーチ事業を重視した。私たちの事業を学校が受け入れやすくしたかったんです。

第三には次年度の予算確保のしやすさがあります。直営だと財政課との予算折衝が柔軟にできるのです。また、民間人である私が市議会に直に説明できるのも利点だと思います。

いわきアリオスの自主事業の特徴として、企画立案から制作、広報に至るまでのプロセスを、当館の職員だけで行うのではなく、いわき市民と芸術家も一緒になって進めていく、ということがあります。公共ホールの利用者であるいわき市民、芸術家、ホール職員の三者が一緒になってやっていくことが重要だと考えています。そうすることで、人と人、ホールとまちの関係を構築していける。公共ホールの運営のあり方をひと言で言うと、人間の間にある関係の構築、ということだと私は考えています。

久留米シティプラザへの期待

昔からお世話になっている佐藤信さんから施設の設置条例で、いわきアリオスを参考にしているとうかがいました。いわきアリオスのときは、佐藤さんは施設の諸元の決定にアドバイスをする立場でしたが、久留米シティプラザに関してはもっと関わりが大きいですね。時代の先の先を見た壮大な理念をもって、この施設が子どもや地域を変えていくんだと。劇場という言葉が佐藤さんからあまり出てこなくなっていることが、これまでの関わり方よりももっと広がりをもっているように感じます。その理念をうまく実現していくことは、運営チームの皆さんにかかっていますね。私も久留米出身の身として、久留米シティプラザの成功を祈っています。(談)

「長く盛《さか》える」これやぁ、と思いました

フォト・インタビュー 02

有馬賴底

久留米藩主有馬家の子孫であり、茶の湯に造詣が深い禅僧、有馬賴底猊下。
久留米シティプラザの和室〈長盛〉の名づけ親でもあり、
その扁額の書を自ら書かれた猊下に、和室の命名のいきさつや、
新たな施設への期待感をうかがいました。

――猊下が久留米シティプラザの和室に関わられたきっかけは、どういったことだったのでしょうか？

有馬 久留米の有馬記念館で有馬大龍会のお茶会を何度もいたしました。今回、このような施設ができるのでしたら、お茶会ができるように、ぜひとも和室をお願いしたいと希望を申し上げておきましたのです。それが、あれほど立派なお茶室ができるとは思いませんでした。むしろ広間ですね。八畳が三間あって全部通して使える、と。これは願ってもないことです。

また、ここは三部屋とも炉を切って炭を使って良いということになったので、大変うれしかったですね。

――確かに、かなり本格的な仕様になっていると感じました。

有馬 なかなか取れない三寸の四方柾（柱材）をきれいに使われていて、設計の方が非常に頑張られたと思いますね。また、畳はやはり京間でないとね、茶室は。

――猊下は和室の屋号を〈長盛〉と命名されたとお聞きしました。

有馬 久留米城（篠山城）の城内、柳原園（九州久留米有馬家9代藩主・有馬頼徳公が城の東・北部に構築した園庭）に長盛館が在ったという記録があるんです。「長く盛える」というのがちょうどいいなと思って、和室の名前にさせていただきました。以前に在った長盛館は休息場のようなもので、集会場でもあったんじゃないでしょうかね。そのあたりも、この空間にちょうどもって来いだなと思いました。ご依頼を受けたときに「さて、どうしようかな」と資料をめくっていたら、これが出てきまして。「これやぁ」と思いました。命名の際には、その土地に合ったものであ

和室完成時の視察を行う有馬頼底猊下。「立派な茶室ができました」

るのと同時に、歴史を感じるような雰囲気のものをずっと考えております。

——和室以外にも、久留米シティプラザには大ホール〈ザ・グランドホール〉から和風の〈久留米座〉まで、かなり高機能な劇場がございますね。猊下は音楽にもかなり造詣が深くていらして、コンサートを企画されたりしているようですが。

有馬 はい。能楽堂ができると聞いたので「観世の宗家を呼んだらどうですか」と申し上げております。能楽は歴代の城主が非常に奨励されましたのでね。ぜひともこれができたらなと、私は思っております。

——最後に、久留米シティプラザ全体のご感想をお聞かせください。

有馬 今は地方創生と言われていますでしょ。地方から声を上げるというのは非常にいいと思いますね。

それから、私は児童養護施設をやっておりまして、今は親から虐待を受けた子どもが収容人員の半分くらいになりました。ですから、子どもたちが遊べて集える場所、親も一緒に遊ぶ広い空間があるのはとてもいい。また、日本に連綿と続く伝統文化に触れられる場所に市民が集うことができるのは素晴らしい。本当にいいものができたと思います。

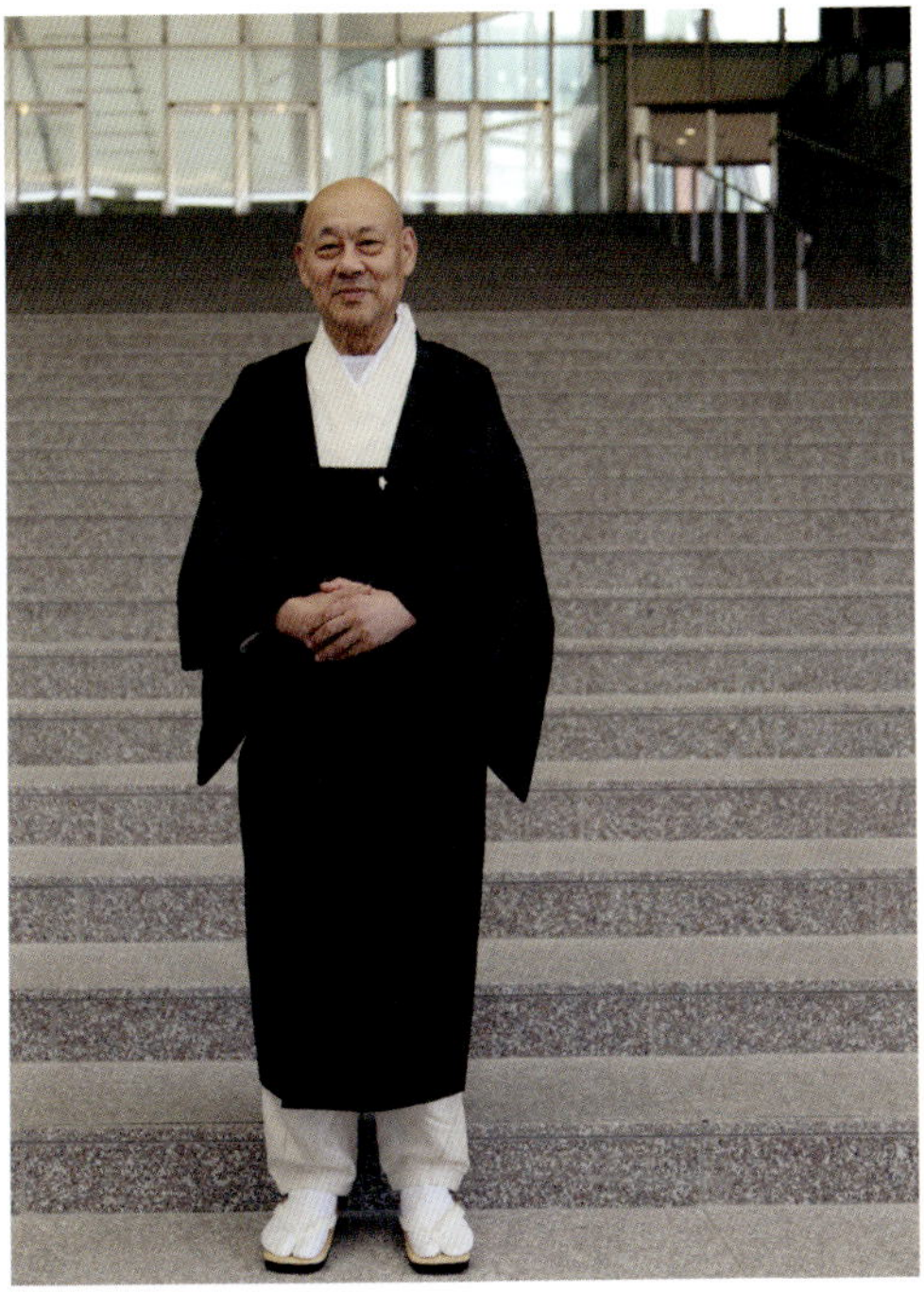

有馬賴底（ありま　らいてい）
1933年生まれ。久留米藩主有馬家の子孫。1988年に京都仏教会理事長、1995年に臨済宗相国寺派七代管長（相国寺一三二世）に就任。鹿苑寺（金閣寺）および慈照寺（銀閣寺）の住職も務める。千利休の直弟子・有馬則頼の子孫でもあり、茶の湯への造詣が深い。

第3章
久留米シティプラザをつくる
―ソフトの仕掛け(事業編)

コンセプトは
事業を通して人々に伝達される。
久留米シティプラザの事業のテーマは何か、
子どもから大人まで安らぎや楽しみ、
明日への活力を
どのようにもたらそうとしたのか。

3つの事業テーマ

テーマは3つ

久留米シティプラザでは、開館後さまざまな事業を展開していくために、次の3つの事業テーマを設定した。

「子どもたちとともに」
「まちに生きる」
「つくる、つたえる、つながる」

これらのテーマのベースには、先に久留米シティプラザの整備計画のなかで掲げた、4つの基本機能——文化芸術振興の拠点、広域交流促進の拠点、賑わい交流の拠点、六ツ門地区の商業拠点——である（060p）。これらの機能を実際の事業で展開するには、より具体的な方向づけ、つまりテーマを設定する必要があった。

「4つの基本機能は、施設全体が中長期で取り組む、いわば施設経営の土台としてあって、その上でどう事業を花咲かせることができるか。また、いわゆる劇場法が要請し、文化庁が進めている、文化による社会課題の解決に、どのように取り組むのか、そういう点で、開館に向けてスタッフがイメージできる事業のテーマ」と、高宮館長は語る。

テーマに込められたもの

3つのテーマは、4つの基本機能を踏まえながらも、机上の議論だけで生まれたのではなく、開館前に行ったいくつかのプレ事業を通して具体的な言葉にされていったという。1つ目のテーマについては、先行して策定された管理運営基本計画のなかで積極的に取り組む事業の第1番目に掲げられていたこともあって、子どものための事業を積極的に行うことは当初から意識されていたが、「子どもたちとともに」となったのは、tupera tupera（ツペラツペラ）によるワークショップ（111p）と狂言の出前公演（113p）の経験によるものだった。ワークショップでは、子どもが生き生きとするのはもとより、大人も夢中になって一緒に絵を描く姿があった。狂言の公演では、子どもにわかりやすい演目が選ばれたわけではなかったが、大人と一緒に来ていた子どもたちが食い入るように観て、とても楽しんでいる姿があった。そこには大人と子どもが、同時に楽しむ場が生まれていたのである。そのことがこのテーマを表す言葉の着想のきっかけとなっているという。

2つ目のテーマ「まちに生きる」は、中心市街地に立地したことを積極的に受け止め、事業を行っていく決意表明のテーマであるが、これもまた2013（平成25）年から周辺商店街と連携して行われている大道芸（109p）で、先取りして行われたものだった。シティプラザ単独の主催事業ではなく、商店街やまちづくり会社等と一緒に実行委員会を組織する取り組みのなか、大道芸のパフォーマンスを通じて商店街に賑わいが生まれ、アーティストのお世話や会場の飾り付けなどを市民が参加して行うことで、一緒にイベントをつくっていくこととその意義を体験する場にもなった。

3つの事業テーマ

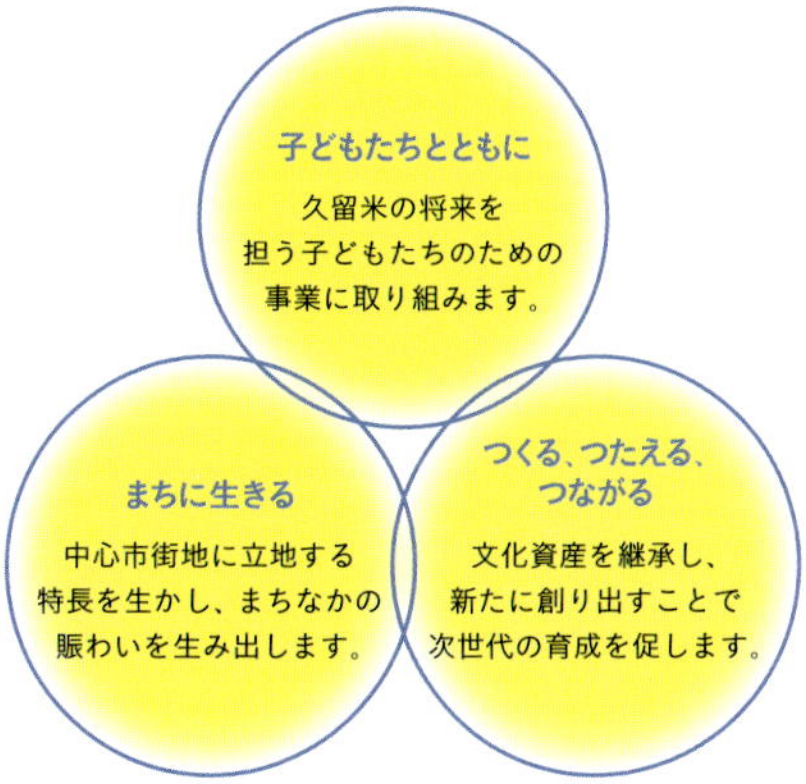
子どもたちとともに
久留米の将来を
担う子どもたちのための
事業に取り組みます。
まちに生きる
中心市街地に立地する
特長を生かし、まちなかの
賑わいを生み出します。
つくる、つたえる、
つながる
文化資産を継承し、
新たに創り出すことで
次世代の育成を促します。

3つ目のテーマ「つくる、つたえる、つながる」は、お茶やお能などの伝統文化から、合唱やポップスまで、生活文化から芸術文化まで豊かな歴史をもつ久留米の文化資源を次の世代にいい形で受け継いでいくことを狙いとしている。海外との交流が盛んになり、第一級の文化に直接触れる機会が増えているなか、各々の領域で高い水準を保ってきた久留米だからこそ、自信をもって次世代につないでいくことができること、また、文化は絶えず再創造されていくことでその命脈をつないでいることを込めたものである。

このように、3つの事業テーマは、初めにありきでプレ事業やオープニング事業の準備が進められたのではなく、事業を行うなかで定まってきたものだった。そして、これは参与の佐藤信氏によるところも大きいという。

「プレ事業をしながら固めていった部分を含めて、佐藤信さんが意識して形となってきたところが大きいと思います」（高宮館長）。

こうして、導き出された3つの事業テーマ。次ページからは、それぞれのテーマがもつ意義について、久留米にゆかりのある人物と高宮館長との対談を通じて、テーマの目指すところを深めていく。

久留米ゆかりの人たちに聞く

テーマ❶　子どもたちとともに　対談

久留米シティプラザを子どもとともに社会に開かれた場へ

小児科医　山下裕史朗×館長　高宮知数

子どもの「ために」ではなく、「ともに」の意味

高宮　久留米シティプラザでは3つのテーマを事業に据え、そのなかで「子ども」を大きなテーマにしようと、参与で芸術顧問の佐藤信さんとも話してきました。従来の公共ホールは市民のための施設を公平公正に貸し出し、また、良質な作品を鑑賞する機会を提供するというものですが、今回は「子どものための事業」を、久留米市がシティプラザの管理運営計画の1番目に設定しました。これは素晴らしいことで、全国でもまれな取り組みです。ということで、子どもたちのことをよくご存じの、小児科医の山下先生にお話をうかがいたいと思ったんです。

山下　僕はよく「子どもは発展途上人」と言うんです。遺伝的な特性と、遺伝とは違う環境の要素が発達に大きく影響する。軽い発達障害のある子は、ちょっとした配慮やアドバイスで好転することがあります。その意味で現代は携帯電話やゲームなど、子どもの発達にとって心配なことがすごく増えています。

対談者　山下裕史朗（やました　ゆうしろう）
小児科医
久留米大学医学部小児科教授（発達障害担当）。
NPO法人くるめSTP理事。
主な著書に「夏休みで変わるADHDをもつ子どものための支援プログラム—くるめサマー・トリートメント・プログラムの実際」（共著／地方・小出版流通センター／2010年）がある。

高宮　学校で鑑賞するような子どもに良いとされる動画やアニメと、普段接するテレビ番組や音楽にはかなり乖離がある。子どもからすると、栄養があるものより、おいしいとか刺激の強いものを選ぶのと同じ状態ですね。そのなかで「子どもたちとともに」というテーマを掲げたのは、いろんな企画をしていくときに、子どもから大人まで楽しめて面白いと感じるものを提供できないか、大人向けで難しいものも見せ方や料理の仕方で子どもが楽しんでくれるようにできないか、と。そういう意味で「子どもたちとともに」というテーマを設定したんです。

山下　子どもたちの「ために」じゃなくて「ともに」で、そこがすごくいいですね。大人の考えを押しつけるんじゃなくて、子どもと一緒につくり上げていくという気持ちが伝わります。

高宮　プレ事業で山下先生にもご参加いただいたアーティストユニットのtupera tupera（ツペラツペラ）のワークショップ「じゃばらどうぶつえんをつくろう！」（111p）はまさに、子ども向けではなくて…。

山下　うん、楽しくて、私もつい参加してしまいました（笑）。

高宮　子どもそっちのけで楽しんでいるお父さん・お母さんもいて、「子どもたちとともに」の転機的な事業のひとつでした。もうひとつは、寺町で開催した狂言の出前公演。お寺の境内に仮設舞台をつくり、京都の茂山千五郎家という大蔵流の狂言の方に来ていただきました（113p）。一般向けの作品でしたがとても盛況で、お子さんが多かった。上演前には「狂言ってこういうものなんです」「こういう仕草をするんです」という解説があり、その後の公演を子どもたちは食い入るように見ていました。「面白かった！」「また見たい！」と反響も良かったですね。

山下　子どもたちは生まれながらにして、ある意味アーティストで、本質をパッと感じ取る力・見抜く力がある。だから、手を抜くとすぐにわかり、油断できないんです。

もうひとつのテーマは、子どもと医療とアート

高宮　久留米は医療、特に小児科や産婦人科で水準の高いサービスや、子育て中の人たちにいい環境を提供しています。そんななかで、シティプラザではコンサートやお芝居などの他にも、

いろんなタイプの事業をしていきたいと思っていて、そのひとつとして、子どもと医療とアートを掛け合わせた、今までにない何かができるんじゃないか、と。以前に久留米大学の小児科をご案内いただいた際、目に留まったのが病棟の壁に描かれた絵でした。受付が気球で、気球に乗って世界を回るような絵がぐるっと廊下に描かれていて、他の科とは雰囲気が全然違う。ここは子どものための場所だということがよくわかりました。

医療現場でのその取り組みを見て、より制約の少ないシティプラザでならもっといろいろやれると思ったんです。舞台だけじゃなくて広い意味での文化や芸術の拠点をつくるのであれば、他でできないような空間をつくれるんじゃないか。それで、一室のデザインをtupera tuperaの2人に委ねたんです（〈カタチの森〉154-161P）。

山下　「お医者さんに、実はもうちょっと聞きたいんだけれど」とか、「子育てで悩んでるけど、先生、忙しそうで聞けない」とか、そういうお話を、小児科医のノウハウを利用して聞くとか、開業医の先生も含めてそういうことがシティプラザでできるといいのかもしれません。プラっと来て聞けるというような雰囲気で。

高宮　ワークショップの際に「今日は山下先生が来てるんで、何かあったら言ってください」とかね。お母さんが相談している間、子どもはワークショップをやっていて、それを先生が見て「あの様子なら大丈夫ですよ」とか「じゃあ、ちょっと1回お子さんとお話ししましょう」というように。子どもたちも「大学の小児科に行こう」と言われると緊張するけれど、「シティプラザで絵本のワークショップがあるから行こうよ」って言って出かける分には緊張なく来られるでしょうしね。

山下　医者側も、その子の自然の姿が見られますからね。これはすごく大事なことで、病院に来たらみんな大体〝よそ行きの姿〟になるんです。

高宮　そういうことを実際にできると、あの空間をつくった意義、テーマを掲げた意味があると思いますね。

〝まち〟の真ん中にあることを活かすために

山下　小児科学会の子どもの健康週間を、よりアクティブに健康フェスティバルみたいな感じでやってもいいですね。

高宮　体を使って遊ぶものは広場で、セミナーや講演会は会議室やホールで行って、それらを同時にすることもできますね。講演を聞いたり、ワークショップに参加したり。子どもの健康週間の間に、いろいろなことが複合的にできると、〝まち〟の真ん中にシティプラザをつくったことが生きると思います。

山下　２０１７（平成29）年7月8日・9日には、日本赤ちゃん学会を、ここで開催します。小児科医だけじゃなく支援員や教育の人、赤ちゃんに関する研究をしている人たちが集まる、赤ちゃんのためのフェスティバルです。

高宮　関連して、市民が参加できる講座やワークショップがあれば来やすいですね。いろんな課題を抱えた親子のための授業や、一方で、元気な赤ちゃんを応援するイベントとか。子育てを応援したり、市民と一緒に何かをやっていける場をどう広げていけるかだと思います。

山下　長期入院中の子どもたちも、ちょっとした遠足の形で交流広場に来て何かをするとか。病院じゃなくてシティプラザに来て何かをするのは、移動の方法や感染のことなど検討すべきことはありますけれど、いいんじゃないかと思います。

高宮　いろんなタイプの鑑賞の仕方やサポートを実践していけるといいですね。ホールのスタッフ単独では難しい部分は地元のボランティアの皆さんと相談して、支援体制をつくる。逆に、ワークショップか何かでこちらから病棟に出向くことも実施していこうと思っています。

山下　例えば病棟のプレイルームでワークショップのミニ版をして、その作品を展示する。自分の作品をみんなに見てもらうというのも子どもたちにとってはいいのかな、と思います。

高宮　シティプラザでは「まちに生きる」というテーマも掲げています。シティプラザ内だけでなく、〝まち〟全体のなかでいろんなことを一緒にやっていこう、と。従来のアウトリーチ、出前公演とは違う可能性を、もっといろいろと探ろうとしています。最初は久留米で実施して、行く行くは福岡県南など広域で考えていけるといいかなと思っています。

tupera tuperaのワークショップに参加した際の山下氏の作品とともに

久留米ゆかりの人たちに聞く

テーマ❷　まちに生きる　対談

生活する・働く・おいでいただく そして、「ここで楽しみたい」を築く

久留米ほとめき通り商店街会長
黒川幸治 × 館長 高宮知数

〝まち〟の在り方の根底にあるのは生活と文化

高宮　最近多いホールの建て替えでは、駅周辺の再開発や郊外の立地が目立ちます。でも、久留米の場合は違って、久留米シティプラザをまちの真ん中につくる決断を楢原利則市長がされた。しかも文化施設の機能だけでなく、複合的な施設にしようという方針で、すごく先駆的だと思いました。黒川さんはこの計画を聞かれたとき、どのように思われましたか？

黒川　この一帯は戦後すぐから物販で生きてきた〝まち〟で、全国の商店街と同様に、大都市に人が流れたり、郊外店ができて人の流れが変わるなどで、まちの在り方が問われてきていました。では、これからのまちはどう在るのがいいか。まちの在り方を考えたときに、根底にあるのは生活と文化だと思ったんです。そしてそれを実践できる場がシティプラザならば、みんなで、まちづくり・人づくり、そういう場所づくりをやっていこう。そうできたら素晴らしいと思いました。

高宮　芸術顧問の佐藤信さんは、文化には芸術文化と生活文化があって、この2つは実は両輪なんだと話されています。特に

対談者　黒川幸治（くろかわ　よしはる）
久留米ほとめき通り商店街会長。
久留米市の六ツ門商店街で50年以上続く老舗茶道具屋を営む。

これからの公共ホールでは、その両方を意識しないと先がないんじゃないか、とも言われています。

黒川　一番望むのは、子どもたちや学生さんたちがこの場所で弾けたり、活用していただいて、育っていくことです。その体験から「まちって素晴らしい」となれば言うことはありません。そして、その動きに私たち商店街も関わっていく。私の仕事柄で言うと、お茶の先生を招いてお子さんたち向けに茶道教室を開くこともできますが、お茶に限らず、小中学生を対象に、放課後にシティプラザにふらりと来て和の文化に触れられるといいですね。畳に座る・あぐらをかく・正座をする、きちんとしたお辞儀など、日本文化をかじりながら楽しいことをする仕組みを立ち上げて、仲間と一緒に頑張りたいと考えています。シティプラザの和室も敷居を高くせず、みんなが元気に遊ぶ・楽しむ・学ぶことができる場であればありがたいですね。

高宮　一般的にホールはチケットがないと入れない、何もやっていないときは人を入れないのが今まででしたが、シティプラザの場合は、コンサートやお芝居などで使用中のとき以外はなるべく自由に入ってほしいと思っています。最近は、特にご年配の方がショッピングモールを散歩コースにされているようですけれども、シティプラザも空調が効いているし、エスカレーターやエレベーターを使えば高い所にもそんなに不自由なく行けます。お庭もあれば、テーブルやイスも用意されていて、カフェ機能やテナントもありますから、商店街と併せて、のんびりと半日くらい楽しんでいただけるんじゃないでしょうか。

黒川　そうですね。以前は西鉄久留米駅の横とこの場所の2ヵ所にデパートがあり、アーケード沿いに300軒を超える店が並んでいました。一番賑わうのは土曜夜市で、駅前から1キロ弱の3本の通り、明治通り、アーケード、池町川の所で行っていました。六角堂広場でもいろいろなイベントをやっていて、2015（平成27）年で13回を数えた「焼きとり日本一フェスタ」も毎年恒例でした。

高宮　2つのデパートの間に専門店街があるというのは、ショッピングモールをつくる際に両端にキーになるものを配置する2核1モールという構造と同じです。その構造を50年くら

人々で賑わう土曜夜市は現在も続いている。アーケード（久留米ほとめき通り商店街）の様子

い前につくっちゃったわけで、当時の賑わいが想像されますね。

黒川　商店街だけでなく、金融関係や郵便局、ＮＴＴ、保険会社などが大体数百メートルの範囲に揃っています。そこには今も皆さん、おいでになるわけで。多くの人がシティプラザを利用して、人のふれあいや出会いが生まれれば、新しい商店街の在り方についての答えが出せるのかな、出せるようにもって行きたい。それが私たち商店街の願いで、頑張りどころですね。

イノベーターを生み出す力、豊かな文化力がある

高宮　久留米からは、明治期に洋画の世界で青木繁や坂本繁二郎、発明家のからくり儀衛門（田中久重）、久留米絣の創始者・井上伝といった偉人がたくさん出ています。さらに産業界ではその後のモータリゼーションまで射程に入れたゴム3社（ブリヂストンタイヤ、日本ゴム、月星化成を含む）、現代ではソフトバンクの孫正義さんや堀江貴文さんが現れる。時代時代の産業や社会を引っ張っていく人材が生まれているのが、非常に面白いと思いますね。音楽では元チェッカーズの藤井フミヤさん、アイドルから違う音楽を切り開いた松田聖子さんもいる。ジャンルを問わず、イノベーティブな人材を生み出す力を含めて、全国でも珍しい5流派全部が揃ったお謡・能の世界など、久留米の豊かな文化力をどうやって今の子どもたちに伝えていくか。シティプラザには3つの事業テーマがありますが、「子どもたちとともに」と「つくる、つたえる、つながる」というテーマを「まちに生きる」がブリッジになって結んでいると思います。

久留米シティプラザが隣接する現在のアーケード街

黒川　今、若者が和の文化に触れる機会は少ないですからね。今は習い事がありすぎるくらいにあって、でも、時間は足りないから、昔から大事にされてきたもの、みんなが親しんできたお稽古事は随分と端のほうにやられてしまっている。

高宮　シティプラザは文化全体を担える場所になっていきたい。そんなことを考えながら、僕が立てたキーワードが「文化の居場所」で、一流のコンサートやお芝居を観ていただく機会も提供するけれども、日常的に生活文化・伝統文化に接する機会をどれだけつくれるか。それがまちの真ん中につくったことを一番活かせるポイントで、周りの商店街やいろいろな皆さんと一緒に担うことかなと思っています。

黒川　この筑後一円には、八女の竹細工など日本の文化がたくさん埋もれています。その担い手たちを引っ張り出して輝かせたいし、後継者をつくりたい。さまざまなジャンルの方たちに光を当てることで、若い人たち・子どもたちに今までにない体験をしてもらい、新たなことにチャレンジしていただきたい。そうした場にシティプラザがなっていくと本当にいいですね。

高宮　ロンドンのロイヤルオペラハウスが通称「コヴェントガーデン」と地名で呼ばれるように、シティプラザも「六ツ門」「六角堂」など、地名で呼ばれるくらい馴染んで、地元の人に愛される施設になれば「まちに生きる」というテーマが本当に実現できたことになるのだろうと思います。これはシティプラザだけでやれることではなくて、黒川会長の商店街をはじめとして商工会議所や市民、皆さんと進めない限りは実現できないことで、大きな柱になると思います。

何か新しいモデルを商店街と一緒に生み出す場へ

黒川　今、久留米ではどちらかというと物販より飲食店のほうが人を呼べます。そのなかで新しいまちの在り方として、「こういう事業をこの商店街でやってみたい」「こういう環境だからこの仕事をしてみたい」と手を挙げられる環境づくりが必要だと思っています。シティプラザも商店街も〝場所〟ですから、そこで生活する・働く・おいでいただく人、その人たちのつながり・人が育つ、そういう場でありたいですよね。

高宮　現代は第3次産業が圧倒的に多い状況ですから、小売業を含めた商業・サービス業がどれだけ新しいモデルを生み出し、イノベーションできるかが一番大きいだろうと思います。そういう意味では、商店街と一緒に新しいモデルを生み出すという〝場〟はできた。5年か10年の間に何かひとつイノベーティブな活路を見いだせれば、本当に素晴らしいと思いますね。

黒川　シティプラザに行けば、何かが生まれる・私の出番もある・自分も輝けるとなれば、人が集まってくる。まちというのはこういうふうに変わっていくんだというのを商店街の人に一番実感してもらいたいし、それを見て、ここで仕事をしたい・ここで楽しみたいという人をどれだけ私たちが築けるか。やっぱり人なんですよね、何事も最終的には人がいろんなことをつくっていくということですね。

久留米ゆかりの人たちに聞く
テーマ❸ つくる、つたえる、つながる

対談

伝統文化をつたえ、次世代につなぎ、次の伝統を生み出す場所に

邦楽家 川瀬露秋 × 館長 高宮知数

九州系地歌から歌舞伎の黒御簾演奏まで

高宮　久留米シティプラザの事業テーマのひとつに「つくる、つたえる、つながる」があります。これは、川瀬露秋さんのように日本の伝統文化を受け継ぎ、伝えること、文化資産を新たにつくり出し、次の世代を育成することを目的としています。露秋さんは、東京にいらして、生田流箏曲・白秋会の代表として邦楽の世界で活躍されていますが、久留米出身とお聞きしています。久留米には、いつまでいらしたんですか？

川瀬　生まれは御井町で、中学を卒業後に、後に養母になる川瀬白秋の所に内弟子に入ったので、久留米にいたのは15年です。けれども両親や兄弟、親戚が久留米にいて、自分も故郷が大好きなので、「久留米出身」をかなりアピールしています。

高宮　確か、ご実家は一般的なサラリーマンのご家庭とお聞きしましたが、もともと家にお箏があったんですか？

川瀬　母（実母）が日本のものがすごく好きで、お箏と日本舞

対談者　川瀬露秋（かわせ　ろしゅう）
久留米市生まれ。7歳より九州系地歌箏曲の三原幽香に師事。15歳より生田流箏曲白秋会家元川瀬白秋に師事。1987年小林露秋の名を許され、2009年に川瀬白秋の養女となり、川瀬露秋に改名。現在、生田流箏曲白秋会代表。多数の演奏会に出演するほか、歌舞伎における黒御簾演奏、古典から新作まで数々の箏・胡弓の編曲、舞踊の地方を務める。

踊、お茶を習わされました。そのなかで私は7歳からはじめたお箏が一番好きだったんです。

高宮　お箏の系統って、いろいろあるものなんですか？

川瀬　ええ。久留米には宮原検校《みやはらけんぎょう》という素晴らしい先生がいらして（江戸後期、九州系誕生の時期に三味線の改良を試みた）、その門人の長谷（幸輝）検校が九州系地歌を確立して全国に広まりました。その宮原検校のお墓が私の先祖と同じお寺で、しかも長谷検校の弟子で九州系の地歌箏曲を東京に普及させたのが、曽祖母の川瀬里子。九州系の先生にお箏を習った私が、宮原、長谷、里子とつながり、九州系でも川瀬派ということになった。そして、現在私は、里子先生の高弟・阿部桂子先生のお孫さんにあたる藤井泰和先生にお習いしておりますのも不思議な縁ですね。

高宮　なるほど。それで、内弟子となると、どういう生活になるんですか？

川瀬　家の掃除をしたりしましたが、すごく厳しい内弟子ではなくて、子どもだったので、母の白秋がご飯をつくってくれたり、本当の子どものように可愛がってもらいました。母は歌舞伎のお仕事もしていたので、そのお供で鞄持ちもしたり、お稽古をしたり、という生活でした。

高宮　初めて人前で舞台を踏むまでに、どれくらい時間がかかるものなんですか。

川瀬　母は、歌舞伎の他に踊りの地方（演奏者）もしていました。100回の練習より、舞台での積み重ねが大事という先生だったので、舞台に早めに上げてくださって、一緒に弾く機会を与えられました。歌舞伎のお仕事は影で弾くんですけれど（黒御簾演奏）、18歳のときかな、初演奏は。

高宮　作曲は、どのようにされているんですか？

川瀬　新作歌舞伎の場合、一から曲をつくるというより、お芝居の雰囲気に合わせて、例えば三味線の曲を箏や胡弓に編曲いたします。また、お稽古のときに役者さんに「春っぽく弾いてほしい」「寂しげに」「華やかに」と言われた注文に応じて弾きながら作曲いたします、母がしていたことを見て覚えました。

高宮　お芝居に合わせて即興でつくるんですね。音源は、それまでいろいろと学ばれたりした古典のなかから？

川瀬　古典のなかからイメージの合いそうなものを出してみて、それがお芝居と合致すれば使います。最近は洋楽を取り入れたりもしますね。この間も、市川海老蔵さんのお芝居で「オペラ

の音を入れてみてよ」と。それでオペラとコラボしました。

伝統芸能の面白み

高宮　久留米は伝統的な文化の盛んなところだと思うんです。ただ、お稽古事をしている人はかなり減っている。

川瀬　日本の伝統芸能すべてにおいてそうですね。ですから、国や芸団協（公益社団法人日本芸能実演家団体協議会）が、子どもたちに体験をさせて（芸団協ではキッズ伝統芸能体験というプログラムがある）、伝えていくことを一生懸命やっていますが、楽器や着物にお金がかかることもあって、趣味にするには贅沢だと親たちが思ってしまう。また、古典のものは、最初は難しくても、お稽古を重ねるうちに音でも歌でも奥深いことがだんだんわかって、もっとやりたいと思うようになるけれど、そこに行くまでが長いんです。今の子どもたちが続けていくのはなかなか難しくて、面白みがわかる前に、踊れない、つまらないってなっちゃうんです。

高宮　〝音〟を聞けるようになると面白くなってくるようですね。それは興味深いですね。

川瀬　譜面を見ながら弾く洋楽と違って、私たちは音を覚える。覚えてからがスタートなんです。わかってくると、他の人と合奏したときの音にも違う面白みがあることに気づく。1回だけじゃなく、2回3回としていくとどんどん楽しくなります。その感覚を子どもにどう教えていけるか。自分が習ったことを伝えるだけではなく、体験の場でも、小さい子たちとそのママたちが「お稽古場に来るのが楽しい」と思える雰囲気をつくって、ちょっとでも楽器に触れてもらう。伝統というのは芸を通して礼儀作法や先生を敬うこと、下の人を大事にするなど、心の学びを師匠から得るという面もあります。「心が芸に出る」と、よく母が言っていましたが、自分がそうやって教わったことをきちんと子どもたちに教えていきたいとは思いますね。

　逆に、歌舞伎のお稽古では私が役者さんから教わることもあります。坂東玉三郎さんが「白秋先生にこう教わった」と言われて、私がわかっていることでも、母が教えたことを聞けるのは面白い。胡弓は逆に教わっているくらいです。母は亡くなっているので、ちょっとしたことでも、自分が知らないときの母の音を教わるのは勉強になります。

本物を体験し、継続して、次の伝統をつくる

高宮　シティプラザでは久留米に多い伝統文化を若年層に体験

してもらい、継続していく人が生まれるようなことをひとつの事業としてはじめようとしています。露秋さん、お忙しいとは思いますが、久留米でお導きの場をつくっていただけませんか？　また、久留米座でしてみたいことは何かありますか？

川瀬　自分が演奏するだけでなく、地域の方々、それこそ子どもたちと一緒に発信できるようなことがしたいですね。久留米には伝統芸能をしていらっしゃる方はたくさんいると思うんです。お能もお茶も盛んですし。野点で私たちの三曲のお茶の音頭を聴きながらお点前をするというような、15分くらいの曲でお茶の方たちとご一緒できるといいですね。

高宮　〈久留米座〉は約400席ですが、舞台設備も整え、本格的な花道をつくり、升席もありますから、伝統的な日本の舞踊や邦楽の演奏にも向いています。もうひとつ、本格的な京間の八畳間を三部屋つくった和室もあり、外には露地（庭園）をつくりました。お茶の稽古ができるよう炉（電気炉併用）と水屋も備え、障子を開け放すと三十畳くらいになります。

お箏を奏でる川瀬露秋氏

川瀬　そういった場所で本物を体験できるのは、本当に良いことだと思いますね。

高宮　シティプラザでは「つくる、つたえる、つながる」というテーマを掲げているので、市民の皆さんにいろんな活動をしていただき、さまざまなものがつながって、タッグを組んで何かを発信できるといいと思っています。

伝統を受け継ぐ・つくるという意味では、地元のアマチュアの方々でやっている久留米筑後歌舞伎というのがあって、2014（平成26）年までは坂東三津五郎さんが指導され、その前は、中村又五郎先生が熱心に教えていらっしゃいました。三津五郎さんが2014（平成26）年に病気で倒れられた後、回復されたと聞いて市長がご挨拶に行ったときにシティプラザの資料をお渡しして、ご相談させていただいたら、1ヶ月くらいして電話が鳴り、「図面を見たけれど下手の袖が浅いから、演目のコレとコレは難しいんだよね」って言われて。伝統って、こうして受け継いでいくものではないかと思いました。露秋さんとも一緒に、次の伝統をつくっていけるといいなと思っています。

プレ事業

久留米であまり行われてこなかったことを

2013（平成25）年秋から2016（平成28）年春の久留米シティプラザ開館までの約2年半という期間、久留米シティプラザ推進室では、施設について市民に興味をもって知ってもらうこととスタッフの育成・訓練を目的に、開館前の事業として数々のイベントを企画し、情報発信を行ってきた。

その内容は多岐にわたる。久留米シティプラザが隣接する六ツ門商店街を舞台に週末のお昼時に開催する音楽イベント「街なかプチコンサート」（29回）、大道芸や狂言などを身近に楽しめる「出前公演」（12回）、人気アーティストによる「ワークショップ」（2回）といった文化芸術に気軽に触れられるイベントから、市民がプレ事業や開館後の事業のサポーターになることを目的に発足した「久留米シティプラザサポーター会議」（5回）、イベントや公演の企画に必要なスキルを身につける講座「街なか企画塾」（2年度4期）を行ってきた。また、施設建設中の工事仮囲いを活用して久留米の魅力を発信する作品などを展示する「六ツ門アートロード」、施設に関するQ＆Aやプレ事業のお知らせなどをする「情報コーナー」を商店街に設けるなど、さまざまに展開した。

「久留米は、いろいろな活動が非常に盛んなところです。文化団体がいくつもあり、それぞれに取り組みが行われています。そのようななかで、シティプラザのプレ事業では、今まで久留米であまりやってこなかったようなタイプのことをしようと思いました」と、高宮館長は言う。なかでも、商店街で繰り広げられた大道芸や、ホールのみならず野外でも行った狂言、応募者多数で大変盛況だったtupera tupera（ツペラツペラ）によるワークショップがその最たるもので、これらは後に久留米シティプラザが掲げることとなった「3つの事業テーマ」（092p）を想起させる内容となった。

プレ事業は、施設完成後のホールや広場で繰り広げられるさまざまな事業内容を予感させ、市民の事業への理解を深め、久留米シティプラザを身近なものとして印象づけることにつながった。そして、施設オープンまでの気運と期待感を高める仕掛けとなって人々を引きつけ賑わいを生み出し、文化芸術に親しむ機会を提供した。

プレ事業ラインナップ

分類	イベント名	開催日	開催場所	出演・講師など
街なかプチコンサート	平成25年度　第1回街なかプチコンサート	2013年5月24日（金）	六ツ門商店街アーケード内（まちカフェ六ツ門前）	いわつ なおこ（アコーディオン）
	第2回街なかプチコンサート	2013年7月26日（金）	六ツ門商店街アーケード内（まちカフェ六ツ門前）	大西麻衣子（フルート）、与田香菜子（ピアノ）
	第3回街なかプチコンサート	2013年9月27日（金）	六ツ門商店街アーケード内（まちカフェ六ツ門前）	橋口武史（ギター）
	第4回街なかプチコンサート	2013年11月22日（金）	六ツ門商店街アーケード内（まちカフェ六ツ門前）	三線ロビンズ（ヴォーカル、三線、ベース）
	第5回街なかプチコンサート	2014年1月24日（金）	六ツ門商店街アーケード内（まちカフェ六ツ門前）	O'quartet（サックス四重奏）
	第6回街なかプチコンサート	2014年3月28日（金）	六ツ門商店街アーケード内（まちカフェ六ツ門前）	芝池剛治（サクソフォン）、武藤やよい（ピアノ）
	平成26年度　第1回街なかプチコンサート	2014年5月24日（土）	六ツ門商店街アーケード内（まちカフェ六ツ門前）	佐々木祐二（ギター）&中村拓洋（ドラム）
	第2回街なかプチコンサート	2014年6月28日（土）	六ツ門商店街アーケード内（まちカフェ六ツ門前）	浮城久美子（ピアノ）・髙木康行（サックス）
	第3回街なかプチコンサート	2014年7月26日（土）	ほとめきサロン内	野口和貴子（ピアノ）、盛田有珠民（エレクトーン）
	第4回街なかプチコンサート	2014年8月23日（土）	ほとめきサロン内	三線ロビンズ（ヴォーカル、三線、ベース）
	第5回街なかプチコンサート	2014年9月27日（土）	ほとめきサロン内	LeiHa（箏）
	第6回街なかプチコンサート	2014年10月25日（土）	六ツ門商店街アーケード内（まちカフェ六ツ門前）	O'quartet（サックス四重奏）
	第7回街なかプチコンサート	2014年11月1日（土）	六ツ門商店街アーケード内（まちカフェ六ツ門前）	村上ふみ（Vn）・吉本令子（P）
	第8回街なかプチコンサート	2014年11月2日（日）	六ツ門商店街アーケード内（まちカフェ六ツ門前）	近藤史明（G）
	第9回街なかプチコンサート	2014年12月27日（土）	六ツ門商店街アーケード内（まちカフェ六ツ門前）	佐野真奈美（ソプラノ）
	第10回街なかプチコンサート	2015年1月24日（土）	ほとめきサロン内	カワイズ（山田明子（フルート）、外山美樹（電子ピアノ）、牟田寿男（パーカッション））
	第11回街なかプチコンサート	2015年2月28日（土）	ほとめきサロン内	稲吉惠梨奈（オーボエ）、長谷川ゆか（ピアノ）
	第12回街なかプチコンサート	2015年3月28日（土）	六ツ門商店街アーケード内（まちカフェ六ツ門前）	山崎箜山（尺八・土笛）、宮本直美（箏）
	平成27年度　第1回街なかプチコンサート	2015年5月16日（日）	まちカフェ六ツ門前	橋口武史（クラシックギター）
	第2回街なかプチコンサート	2015年6月27日（土）	まちカフェ六ツ門前	田代佳代子・八谷和歌子（マリンバ）
	第3回街なかプチコンサート	2015年7月25日（土）	ほとめきサロン内	須佐菜々美（フルート）、古賀美代子（ピアノ）
	第4回街なかプチコンサート	2015年8月30日（日）	まちカフェ六ツ門前	みやざき都（箏）、森永基木（津軽三味線）
	第5回街なかプチコンサート	2015年9月27日（日）	まちカフェ六ツ門前	扇佑佳梨（フルート）・篠原真司（ギター）
	第6回街なかプチコンサート	2015年10月25日（日）	まちカフェ六ツ門前	大橋純子（ヴァイオリン）・漆原尚子（ピアノ）
	第7回街なかプチコンサート	2015年11月29日（日）	まちカフェ六ツ門前	田北りえ（ソプラノ歌手）、多田大致（ピアノ）
	第8回街なかプチコンサート	2015年12月27日（日）	ほとめきサロン内	中村友香（オーボエ）、姫野華奈（ピアノ）
	第9回街なかプチコンサート	2016年1月31日（日）	ほとめきサロン内	西村美和（二胡）
	第10回街なかプチコンサート	2016年2月28日（日）	まちカフェ六ツ門前	打越山修多（チェロ）、原口ゆり子（ピアノ）
	第11回街なかプチコンサート	2016年3月27日（日）	まちカフェ六ツ門前	近藤研二（ギター、ウクレレ）
出前公演	ご近所クラシックコンサート	2013年9月7日（土）	日吉校区コミュニティセンター	九州交響楽団団員による弦楽四重奏団
	大道芸 in ほとめきファンタジー	2013年12月14日（土）	久留米ほとめき通り商店街アーケード、西鉄久留米駅東口広場	森田智博（ジャグリング）、めりこ（ポールダンス）
	体験！わくわく劇アドベンチャー	2014年3月21日（金） 2014年3月22日（土）	くるめりあ六ツ門3階　児童センター	清水 宏（俳優）
	「狂言」寺町編 「狂言」城島町編	2014年10月16日（木） 2014年10月17日（金）	寺町　真教寺境内 城島町　城島総合文化センター　インガットホール	茂山千五郎家
	パーカッションコンサート	2014年11月14日（金）	北野公民館1階大ホール	パーカッシヴ・フォース
	九州交響楽団のご近所クラシックコンサート	2015年1月24日（土）	三潴公民館2階　多目的集会室（ホール）	九州交響楽団　弦楽四重奏
	新潮劇院　京劇「楊貴妃」	2015年3月24日（火）	田主丸複合文化施設　そよ風ホール	新潮劇院
賑わい創造事業	大道芸 in 土曜夜市	2014年7月26日（土）	久留米ほとめき通り商店街	アートパフォーマーファイター、okk、コバヤシユウジ、Juggler Laby、SPEC、ミホウ　全6組
	あったかブラブラ大道芸	2014年12月13日（土）	久留米ほとめき通り商店街	サンキュー手塚（コメディ）、チクリーノ（マイムコメディ）、NANA（クラウンアクロバット）、など、全7組
	久留米たまがる大道芸 in 土曜夜市	2015年7月18日（土）	久留米ほとめき商店街、東町公園、池町川周辺	中国雑伎芸術団（中国雑伎）、加納真実（マイムコメディ）、芸人まこと（The 大道芸）、他8組
	久留米たまがる大道芸	2015年12月20日（日）	久留米ほとめき商店街、池町川（東町公園周辺）	NAO& WAGON TRIO (JAZZ)、Pere Jovanov（チェロ演奏）、他5組
ワークショップ	子どものための京劇ワークショップ 「夏休みだ！京劇やってみる観る?!」	2015年8月18日（火）～8月22日（土）	田主丸複合文化施設　そよ風ホール多目的研修室、草野校区コミュニティセンター 大ホール、久留米市世界のつばき館	張春祥（新潮劇院）ほか
	tupera tupera ワークショップ vol.1 「ジャバラどうぶつえんをつくろう！」	2015年2月28日（土）	くるめりあ六ツ門3階　大ホール	tupera tupera（亀山達矢）
	tupera tupera ワークショップ vol.2 「なりきりおめんをつくろう！」	2015年10月11日（日）	久留米市庁舎2階　くるみホール	tupera tupera（中川敦子）

サポーター会議	第1回サポーター会議	2013年9月20日（金）	久留米市役所4階　401会議室	「もっと都市プラザについて知ろう」
	第2回サポーター会議	2013年12月17日（火）	久留米市役所2階　くるみホール	「総合都市プラザを応援し、自分たちにできることは何か」
	第3回サポーター会議	2014年3月3日（月）	久留米市役所4階　大会議室	「久留米シティプラザの事業や運営にどのような参画の仕方が考えられるかについて」
	第4回サポーター会議	2014年6月2日（月）	久留米市役所3階　305会議室	「プレ事業や広報宣伝活動への参画について」
	第5回サポーター会議	2014年7月7日（月）	久留米市役所3階　305会議室	「プレ事業や広報宣伝活動への参画について」
	第6回サポーター会議	2015年3月26日（木）	久留米市役所4階　401会議室	「整備事業の進捗状況報告や久留米シティプラザ条例について」
	第7回サポーター会議	2015年8月12日（水）	久留米市役所3階　305会議室	「久留米シティプラザの利用案内について」 「開館記念オープニングシリーズ事業の公募について」
	第8回サポーター会議	2015年12月21日（月）	久留米市役所2階　くるみホール	「久留米シティプラザの事業企画について」
街なか企画塾	平成25年度　街なか企画塾　前期「基礎編」	2013年5月～9月 （4時間×6回）	六ツ門大学2階	ゲスト　5/25　佐藤信、6/15　ヲザキ浩実、 8/24平昌子、
	平成25年度　街なか企画塾　後期「実践編」	2013年10月～2014年3月 （4時間×6回）	六ツ門大学2階	ゲスト　10/19　高尾隆、11/16　西田司、 12/21　田辺清人
	平成26年度　街なか企画塾　前期「基礎編」	2014年4月～7月 （90分×1コマ×8回）	くるめりあ六ツ門6階　会議室	ゲスト：5/9 古賀智子、6/6 牧田和久、 7/4 佐藤達郎
	平成26年度　街なか企画塾　後期「実践編」	2014年5月～12月 （90分×2コマ×4回）	くるめりあ六ツ門6階　会議室	ゲスト：9/27 西田司、10/25 若松浩文、 11/15 高尾隆、12/20 ヲザキ浩美
	平成27年度　街なか企画塾　前期「基礎編」	2015年4月～7月 （90分×1コマ×8回）	くるめりあ六ツ門6階 みんくる会議室	ゲスト：5/15 西田司、6/26 平昌子、 7/10 佐藤達郎
	平成27年度　街なか企画塾　後期「実践編」	2015年9月～12月 （90分×2コマ×4回）	くるめりあ六ツ門6階 みんくる会議室	ゲスト：9/26 岩本真実、10/24 山﨑誠子、 11/21 高尾隆、12/19 槻橋修
六ツ門アートロード	江戸時代の久留米とにぎわい	2014年3月～2014年7月	六ツ門アーケード側仮囲い	展示：久留米藩領図屏風、久留米祇園祭礼之図
	進撃の工事	2014年7月～2014年10月	六ツ門アーケード側仮囲い	展示：久留米の若手写真家による建設スタッフの写真展（撮影　仲朝芳）
	久留米市中学校美術作品	2014年8月～2014年11月	明治通り側仮囲い	展示：久留米市内中学校の美術部生徒の皆さんの絵画作品（13点）
	シティプラザdeすごろく　～もしもミュージカルの主役にえらばれちゃったら!?～	2014年10月～2015年5月	六ツ門アーケード側仮囲い	展示：すごろく 「街なか企画塾」の受講生有志による企画
	日吉小学校児童の絵画作品 テーマ：「夏休みの思い出」 「久留米シティプラザ」	2014年11月～2015年12月	明治通り側仮囲い	展示：日吉小学校4年生から6年生までの児童の皆さんの絵画作品
	tupera tuperaとジャバラどうぶつえんをつくろう！　Workshop vol.1	2015年5月～2015年12月	六ツ門アーケード側仮囲い	展示：tupera tupera ワークショップ vol.1と「賑わい交流施設」（仮称）の紹介。
その他	特別講演会「文化によるまちづくり」	2013年8月23日（金）	えーるピア久留米　視聴覚ホール	講師　五十嵐太郎
情報コーナー	シティプラザ情報コーナー	2014年3月～2016年1月	六ツ門商店街	展示：施設概要、プレ事業のお知らせ、施設に関するQ&Aコーナー、工事紹介（重機、作業工程）、3Dコンピュターグラフィックスによる施設完成予想映像、など

九州交響楽団ご近所クラシックコンサート／2015年1月24日（土）開催

街なか企画塾の実践編でのひとコマ。受講生がグループ毎の企画内容を発表

Closeup　大道芸

質の高いパフォーマンスでまちに賑わいと活気を そして、九州の大道芸の中心地を目指して

複数会場にわたることから、観客がまちなかを歩き回りながら鑑賞できる大道芸フェスティバル。2013（平成25）年12月に久留米シティプラザのプレ事業としてはじまり、開館までに4回開催してきた。中心市街地の商店街、まちづくり会社、市民、そして久留米シティプラザが一緒に行う、まちなかにおける連携の核となる賑わい創出連携事業であり、事業テーマのひとつ「まちに生きる」に直結する取り組みだ。

この大道芸をプロデュースしているのは、大道芸の名プロデューサー、橋本隆雄氏だ。日本三大大道芸のひとつといわれる横浜市の「野毛大道芸」をはじめ、茨城県のひたちや東京の三軒茶屋、高円寺など、各地で大規模な大道芸フェスティバルを立ち上げ、どれも10万人規模の来場者がある上に、長年続いている。その秘訣は、まちにどう賑わいを生み出すか、ということにかかってくるのだという。

観客の目前で繰り広げられる一流のパフォーマンス（NAO & WAGON TRIOのJAZZ演奏）

「大道芸の日は、お客様にまちなかをゆっくり歩きながら楽しんでもらえるようプログラムの間隔や出店の内容を工夫しています。最終的には地域の商売の足しになるようにするのが目標。それが究極は日常的な賑わいの元になるのだと思っています」と橋本氏。訪れた人々に大道芸を通してそのまちを知ってもらい、その場でモノを売ることでお金を使ってもらう。1人に最低でも1日1000円を使ってもらえたら、10万人来た場合に1億円という現金が現地に落ちることになる。それが商店街の賑わいと活気につながる。

「商店街のなかで場所を提供してもらいながら、久留米に行けばすごいものが観られると評判になるようなものにしていくことが、私の立場で商店街の活性化にご協力できることです」と語り、さらに次のようにも話す。「そのためには文化的拠点がどうしても必要です。私は、大道芸の役割は劇場に回帰すると思っています。劇場の楽しさ、面白さを市民の皆さんに肌で感じていただくための存在として大道芸人がいる。劇場のクオリティを背負って最前線で市民に接するわけですから、レベルの高いものでなくてはいけません。ですので、久留米シティプラザができたことで、間違いなく九州では久留米を中心とした大道芸の動きが生まれてくると思います」と。

　またこの事業では、市民が積極的に関わることも欠かせない要素である。この大道芸フェスティバルは、3年目から名称が現在の「久留米たまがる大道芸」となった。それまでボランティアとして当日手伝いをしてきた市民が、商店街の人たちと一緒に実行委員会に加わり、当日までの準備・調整・運営に関わる「大道芸パートナーズ」となって、まちの名物になるようなネーミングを考え出したのだという。「たまがる」とは、筑後弁で「びっくりする」という意味。「たまがる」ほどに刺激的な時間と空間が生み出され、質の高いパフォーマンスが繰り広げられるのが、久留米の大道芸なのだ。

　久留米シティプラザ開館後も、この大道芸フェスティバルは継続している。人々とまち、そして劇場を結びつけながら。

2015年12月20日開催の「久留米たまがる大道芸」のリーフレット

商店街に出現した少額グッズを販売するお店の前で楽しそうな表情の橋本隆雄氏

Closeup ワークショップ

いつの間にか大人も真剣に 子どもと一緒に楽しむtupera tuperaのワークショップ

第2回目のの告知チラシ

第1回目の告知チラシ

tupera tuperaの2人。左が中川敦子氏、右が亀山達矢氏。現在、京都造形芸術大学こども芸術学科客員教授も務める

『ジャバラどうぶつえんをつくろう！』や『なりきりおめんをつくろう！』というネーミングだけでワクワクするようなワークショップが２０１５（平成27）年２月と10月の２回にわたって開催された。絵本やイラストレーションをはじめ、工作、ワークショップ、アートディレクション、舞台美術など、さまざまな分野の活躍で知られ、久留米シティプラザ１階〈カタチの森〉の内装デザインのプロデュースも手がけた（154-161p）人気ユニットtupera tupera（ツペラツペラ）の亀山達矢氏と中川敦子氏によるワークショップである。

彼らのワークショップは、これまでも全国各地で開催されており、対象を子どもだけに限定せず大人も楽しめるユニークな内容に定評がある。そのワークショップが久留米シティプラザのプレ事業のひとつとして企画されたのである。第１回『ジャバラどうぶつえんをつくろう！』

は、参加者それぞれの想いでつくった紙製の動物たちをジャバラ状のつい立て（台紙）に貼り付けて動物園をつくり上げるという企画。久留米でも大人気で、なんと約900人もの応募があったといい、最終的には約100人（大人+子ども）が参加するという大きなイベントとなったのである。参加が叶わなかった方々に対してtupera tuperaの2人の申し訳ない気持ちが大きく、後日、ポストカードを送ったという心温まるエピソードも。

第2回の『なりきりおめんをつくろう！』は、大きな顔のお面をつくり、最後はそれを着けて自分じゃない誰かになりきるというもの。この回も応募多数で、第1回目の際に参加が叶わなかった人々にチャンスが巡った。

「僕たちのワークショップは、子どもたちだけに絞りたくなく、大人にやる気になって楽しんでもらいたいんです」と話すのは亀山氏。特別な技術が必要な内容ではなく、紙や絵の具、ボンドなどといった身近にあるものを使って創作していく。tupera tuperaによるリードのもと、ユーモアのある自由な発想で、子どもたちが真剣になって動物やお面をつくるのはもちろん、彼らのもうひとつの狙い通り、大人たちも次第に一所懸命になっていくのである。

「高宮館長もいらして、途中からすごい真剣につくっていました」と、中川氏。

子どもそっちのけで親のほうが頑張ることも多いという。でき上がったら、子どもがお母さんの作品を見て思ったことや感じたことを言ったり、お母さんも感想や意見を言ったりする、そういった親子のやりとりも微笑ましい。

「大人もお茶目なところが大事。皆それぞれに愛嬌をもっているので、それを引き出せたらいいなと思っています」（亀山氏）。

子どもと一緒になってものづくりができるこの企画。事業テーマのひとつ「子どもたちとともに」をまさに体現するような事業となった。

『なりきりおめんをつくろう！』のワークショップを終えて

『じゃばらどうぶつえんをつくろう！』のワークショップの様子

Closeup 狂言

伝統芸能を身近に楽しむ 芸術文化にいつでも触れられる日常を

プレ事業では、日本伝統芸能のひとつである狂言の公演も開催された（2014（平成26）年10月16日・17日）。この企画は久留米シティプラザを離れて行われる「出前公演」に位置づけられ、いわば久留米シティプラザがまちなかから飛び出し、アーティストを地域に連れ出して、市民に芸術文化を身近に感じてもらおうという取り組みである。

今回の出前公演は、京都の名門、大蔵流狂言の茂山千五郎家によるもの。2日間開催され、1日目は寺町編としてお寺の境内（真教寺／市民団体「けやきとアートの散歩道」とのコラボレーション）に舞台を設置して上演、2日目は城島町編としてホール（城島総合文化センター）で上演された。

狂言は、もともと能とともに演じられるものだが、能が悲劇的な歌舞劇なのに対し、狂言は喜劇的なセリフ劇。決して難解なものではなく、現代にも通じる笑いの芸能である。なお、久留米では能の流派が3つあり、今も活動が続いている。

「能をやっている人は狂言をよく知っていますが、初めての方には新鮮だったでしょう。狂言は古典の入門だと思っています」と語るのは、茂山千五郎家の茂山あきら氏。

当日は子ども連れが多く、大人に混じって目を輝かせ、身を乗り出して爆笑する子どももいた。笑いに時代の垣根はない。

「知る者だけで維持される文化はあまりよろしくない。文化は共有して継続していくことが大事なのではないでしょうか。面白かったからやってみる。そうなったら根づいていきますね」（茂山あきら氏）。

伝統文化を次世代に受け継ぐ「つくる、つたえる、つながる」に加え、笑いを「子どもたちとともに」共有できるという、事業テーマに深く結びつく内容であった。

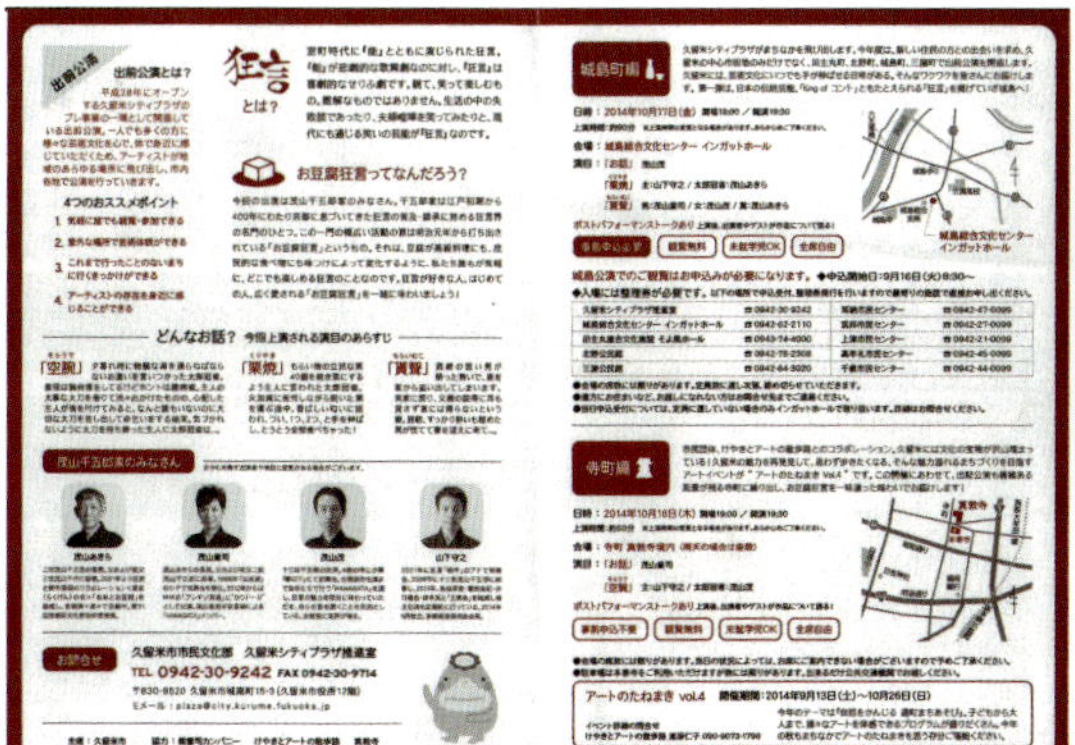

上／寺町での観客の様子。この日の公演は「この年のベストパフォーマンスだった」と演者の茂山茂氏が後日語っていたと聞く
左／狂言公演の案内チラシ

オープニング事業

オープニングシリーズは久留米らしい多種多様な事業を

久留米シティプラザのオープニング事業は、久留米のまちがもつ文化的背景を考慮した館内のさまざまな諸室や機能を活かした自主事業と貸館事業によって成り立っている。

特にこの場合の自主事業には、芸術団体を招聘する以外に、自らが企画制作した演目を舞台で上演する鑑賞機会提供型の事業、次世代の文化の担い手となる地域の若い人材へ高度な教育の機会を提供する人材養成型事業、そしてワークショップやセミナー、アウトリーチなどさまざまな手法で市民が文化芸術に触れる接点を提供し、文化芸術への興味を広く喚起する一方で教育や福祉などの市民生活における幅広い領域の問題に取り組み、市民の文化活動を支援する教育普及型事業がある。

鑑賞機会提供型においては、当然、地域の劇場として久留米市内や近隣地域の観客層を開拓し育てることが第一義であり、遠方の福岡市へ出かけずとも近隣で上質な演目を鑑賞することにより市民の文化的な満足度を充足させつつ、市民や近隣地域住民の足を再び久留米の中心市街地へ向けさせて賑わいを取り戻すことが重要である。それとともに、久留米の文化的歴史に触れるものや地元出身の著名アーティストを起用すること、さらには国内外の著名なアーティストや演目が久留米にやってくることによって、市民が「自分たちの住み育ったまち」に誇りをもってもらうという狙いもある。

一方、久留米の場合、箏や茶道をはじめとした伝統芸能や、市民が主体となった文化活動が盛んな土地柄であるため、教育普及事業においては久留米の文化を市民が再発見・再評価する事業と、市民による文化活動を促す事業に特に重きを置いている。また、事業を考える上で地域の子どもたちを重要な対象としており、子どもたち

オープニングシリーズ

●ホール、展示室などで行われた主な事業（平成28年度）

公演日	曜日	事業名	会場
4月27日	水	テープカットセレモニー 開館記念式典	六角堂広場 ザ・グランドホール
4月28・29日	木・金	久留米有馬大茶会	和室・大中小会議室
4月28日～5月8日	木～日	久留米有馬大茶会 文化大名有馬家と御庭焼柳原展	展示室
5月3・4・5・7・8日	火・水・木・土・日	久留米有馬大茶会 久留米連合文化会 第62回茶道部大茶会	和室・大中小会議室
4月29日～5月8日	金～日	tupera tuperaと遊ぶ10日間 tupera tuperaのえほんの森	Cボックス
5月3日	火	tupera tuperaと遊ぶ10日間 tupera tuperaの読み聞かせLIVE !!	Cボックス
5月14日	土	久留米演芸館 雀々落語を聞くかい？	久留米座
5月28日	土	2つのピアノ聴きくらべ	ザ・グランドホール
6月4日	土	久留米演芸館 【落語講座】落語の世界へご案内	Cボックス
6月9日	木	NHK公開収録　新BS日本のうた	ザ・グランドホール
6月19日	日	The Music City Kurume KOOL MEGA LIVE	ザ・グランドホール
7月9日	土	久留米演芸館 三三が江戸前をお届けします	久留米座
8月9・10日	火・水	わかったさんのクッキー	Cボックス
8月13日	土	藤井フミヤ　シンフォニーコンサート	ザ・グランドホール
9月15日～10月2日	木～日	めくるめく演劇祭 1st	久留米座・Cボックス・六角堂広場
9月14・15日	水・木	舞台「娼年」	ザ・グランドホール
10月4日	火	ウィーン・フィルハーモニー ウィーク インジャパン 2016 大和証券グループpresents ズービン・メータ指揮 ウィーン・フィルハーモニー管弦楽団	ザ・グランドホール
10月22・23日	土・日	フランス　ヌーヴォーシルク カンパニー・デフラクト「Flaque フラーク」	Cボックス
11月2日	水	柳家花緑独演会「久留米座 花緑会」	久留米座
12月17・18日	土・日	ピアノと物語「ジョルジュ」 朗読とピアノで綴る二人の愛の軌跡	久留米座
12月23日～25日	金～日	ミュージカル「ミス・サイゴン」	ザ・グランドホール
1月9日	月	大和証券グループpresents 辻井伸行日本ツアー 《バッハ・モーツァルト・ベートーヴェン》	ザ・グランドホール
1月12日～15日	木～日	小松杏里のくるめ演劇塾 プラ座コース発表公演 愛のことだわ。2017	Cボックス
1月28日	土	くるめふるさと大使　川瀬露秋プレゼンツ 邦楽コンサート　和の調べ	久留米座
3月9日	木	五木ひろし 久留米シティプラザ スペシャルコンサート2017	ザ・グランドホール
3月12日	日	よしもと爆笑ステージDoon in!! 久留米	ザ・グランドホール
通年		小松杏里のくるめ演劇塾 ジュニアコース　ユースコース プラ座コース　アテインコース	スタジオ他　館内

●〈六角堂広場〉で行われた主なイベント（平成28年度）

開催日	曜日	イベント名	内容
4月29日	金	くるめ合衆国祭り	ご当地グルメが出店
5月1日	日	tupera tuperaと遊ぶ10日間 tupera tuperaワークショップvol.3 みんなのまちをつくろう！	アートユニットtupera tuperaによる 親子工作ワークショップ
5月4〜8日	水〜日	春のバラフェアin六角堂広場	石橋文化センターのバラフェア
7月3日	日	ブリヂストンXオリンピック a GOGO! in 久留米	オリンピック選手トークショー、運動会
8月3・4日	水・木	第45回水の祭典　久留米まつり	〈前夜祭〉　踊りや太鼓，　大抽選会 〈本祭〉　お祭り広場他
8月6日	土	パブリックビューイング　サガン鳥栖 vs ガンバ大阪	大型モニターによるサッカー中継
9月17日	土	バス・鉄道フェスタinくるめ　2016	バスの乗車体験、ミニ新幹線乗車体験 制服を着て記念撮影、プラレール遊び
10月29・30日	土・日	くるめ街かど音楽祭	久留米をあげてのライブ演奏会
11月15日	火	パブリックビューイング　大相撲九州場所	大型モニターによる大相撲中継
11月26・27日	土・日	久留米たまがる大道芸2016	大道芸パフォーマンス
1月21・22日	土・日	第38回久留米市　ボランティアフェスティバル	ボランティアグループ、共同作業所、福祉団体等によるバザーや物品販売、ステージイベント
通年		まちなか遊園地	迷路、平均台、カプラ、チャットパーク
通年		まちなかイブニングバル	生ビール、ワイン販売　おつまみは商店街で購入
通年		まちなかシネマ	選りすぐりの名画上映会

そのものを対象とした事業のみならず、子どもたちを取り巻く問題・環境をテーマとした成人対象の事業にも取り組んでいる。

久留米の文化的特長として、地元企業のブリヂストン創業者である故・石橋正二郎氏の多大な尽力により、吹奏楽をはじめとした音楽活動が非常に活発であり、良質な美術作品の鑑賞が日常的であることが挙げられる。久留米シティプラザには、長年にわたり久留米の文化振興を牽引してきた石橋文化センターと連携し、久留米が九州圏内における新たな文化の拠点となることを目指せるような施設であることが求められている。音楽・美術の分野に石橋文化センターが秀でていたことを受けて、新たに演劇や舞踊などのパフォーミング・アートの分野に久留米シティプラザが取り組むことにより、久留米における文化事業全体の拡充を目指している。

「子どもたちとともに」「まちに生きる」「つくる、つたえる、つながる」という久留米シティプラザの事業テーマを踏まえ、久留米がもつ文化的側面を分析し、先に挙げたさまざまな課題の解決を多種多様な事業で果たし、通年にわたり市民とともに久留米らしさを内外にアピールするのが、オープニングシリーズの役目である。

Closeup **市民公募企画**

市民による、市民のためのオープニングシリーズ 45の市民公募企画の実施

久留米シティプラザ開館前年の2015（平成27）年8月からの約1ヶ月間、オープニング事業として市民と一緒に開館を祝う市民公募企画の募集が行われた。館内のホールや広場などを舞台に、市民自身が企画して参画するイベントが貸館事業の位置づけで1年を通して行われるというもの。施設の先行予約や使用料の減免措置の特典がついたこの公募では、応募件数が97件、うち50件が市民応募企画として選ばれ「市民による市民のためのオープニングシリーズ」として45事業が実施された。

ここでは、世界的に有名な天使の歌声と称される「ウィーン少年合唱団」の公演や、50年以上の歴史をもつ九州でも有数の短歌大会として名高い「久留米短歌大会」、市民が演じる「久留米ちくご大歌舞伎」、そして数々の女優・モデルなどを輩出してきた月刊くるめ「いちご姫コンテスト」などの他、これまでにないユニークな取り組みとして、東京ではじまり世界700以上の地域に広がった、講演者がそれぞれのテーマでプレゼンテーションをする大会「ペチャクチャナイトin久留米」が選ばれた。また、「V-I-V-A！きたのジョイントコンサート～ふるさとに想いを寄せて～」は2005（平成17）年に久留米市に編入合併した旧北野町出身者で構成された。

この事業は、多くの市民参加を図り、文化芸術の振興と賑わいの創出、創造性豊かで発展性のある地域づくりを目指す、他の施設では見られない大型の開館記念プログラムとなった。

「市民による市民のためのオープニングシリーズ」公募チラシ

市民による市民のためのオープニングシリーズ　45の市民公募企画一覧（平成28年度）

	タイトル	主催	開催日	会場
1	ペチャクチャナイトin久留米(市民プレゼン交流大会)	ペチャクチャナイト久留米	5月14日(土)	Cボックス
2	久留米市民オーケストラ第28回定期演奏会	久留米シティプラザ開館記念合唱団	5月21日(土)	ザ・グランドホール
3	第10回記念　久留米連合文化会　工芸部会員美術展	久留米連合文化会　工芸部	5月24日(火)-29日(日)	展示室
4	第25回活水同窓会筑後支部チャリティコンサート「ウィーン少年合唱団」	活水同窓会筑後支部	5月24日(火)	ザ・グランドホール
5	第52回久留米短歌大会　～箏と和歌の調べ～	久留米連合文化会 第52回短歌大会実行委員会	5月29日(日)	久留米座
6	第47回　ファミリー茶会	茶道裏千家淡交会　久留米青年部	5月29日(日)	和室
7	アフリカ&シルクロードの印象展　～中尾精后絵業50周年　油絵回顧個展～	アートギャラリーNAKAO	5月31日(火)-6月5日(日)	展示室
8	久留米シティプラザ　オープニング華道展	久留米連合文化会　華道部	6月11日(土)-16日(木)	展示室
9	親子で楽しむ　一日かぎりのオーケストラ	九州音楽文化振興会　フジタバレエ研究所	6月12日(日)	ザ・グランドホール
10	東日本大震災熊本地震復興支援公演「緑の追想～明日へ～」	久留米連合文化会	6月26日(日)	ザ・グランドホール
11	久留米地区中学校　さわやかコンサート	久留米地区中学校さわやかコンサート実施委員会	7月3日(日)	ザ・グランドホール
12	まちなか万博	ハイマート久留米	7月10日(日)	久留米座
13	とにかく！来て！見て！フェスティバル	moh-c（モーク）実行委員会	7月16日(土)	六角堂広場　展示室　大会議室
14	日本・スウェーデン親善　合唱の夕べ	久留米信愛女学院中学校・高等学校合唱部	7月23日(土)	ザ・グランドホール
15	CHIETSUKU PARTY & PICNIC	by Chietsuku Project	7月23日(土)-24日（日）	六角堂広場　展示室
16	第51回　久留米芸能大会	久留米芸能協会	7月24日(日)	久留米座
17	Quatuor Bをお迎えして	音楽集団「Eオケ」実行委員会	7月29日(金)	久留米座
18	久留米市民オーケストラ　サマーファミリーコンサート2016	久留米市民オーケストラ	7月30日(土)	六角堂広場
19	いちご姫コンテスト	シティ情報月刊くるめ	7月31日(日)	ザ・グランドホール
20	久留米「おきあげ」展示会　故小笠原恵美子作品展	小笠原四郎	8月7日（日）-12日（金）	展示室
21	杉並会議西部ブロック交歓演奏会	杉並会議　久留米児童合唱団	8月7日(日)	ザ・グランドホール
22	花柳光君追善　はなぶさ会舞踏会	はなぶさ会	8月21日(日)	ザ・グランドホール
23	くるめジュニア音楽祭　２０１６	KANIKAPILA Music Club	9月4日(日)	ザ・グランドホール
24	ミュージカル　「A COMMON BEAT」	NPO法人コモンビート	9月17日(土)・18日(日)	ザ・グランドホール
25	第1回　市民芸能フェスティバル	市民芸能フェスティバル事務局	9月11日(日)	久留米座
26	来福！ねこニャン祭り	ねこニャン祭り実行委員会	9月25日(日)	六角堂広場
27	心泥棒　～ハートドライバー～	劇団KnockOutシアター	10月9日(日)	Cボックス
28	「在宅ホスピスを語る会 in 久留米2016」&齋藤醫院開設100周年記念コンサート	医療法人社団五雲堂　齋藤醫院	10月10日(月)	久留米座
29	第８回　コール鳥飼コンサート	コール鳥飼	10月22日(土)	ザ・グランドホール
30	HAWAIIAN MUSIC & HULA	MIN-ON	10月23日(日)	ザ・グランドホール
31	第46回　久留米ちくご大歌舞伎	久留米ちくご大歌舞伎振興会 久留米ちくご大歌舞伎実行委員会	10月30日(日)	ザ・グランドホール
32	VIVA！きたの　ジョイントコンサート～ふるさとに想いをよせて～	VIVA！きたの実行委員会	11月6日(日)	ザ・グランドホール
33	久留米ジュニア文芸大会	久留米連合文化会	11月6日(日)	Cボックス
34	第4回　Dr.ブンブン～オトナにチャレンジ～	Dr.ブンブン実行委員会	11月13日(日)	六角堂広場
35	第7回　KURUME JAZZ INN ～久留米とアジアをハーモニーで繋ごう～	久留米ジャズフェスタ実行委員会	11月20日(日)	久留米座
36	音楽の贈り物	久留米連合文化会　洋楽部	11月23日(水)	久留米座
37	第11回　チャリティ舞踊公演　とどろき会	とどろき会	11月27日(日)	ザ・グランドホール
38	平成28年度　筑後地区　高文祭	福岡県高等学校芸術・文化連盟筑後支部	12月11日(日)	久留米座　展示室　六角堂広場
39	久留米音協合唱団　第47回　定期演奏会	久留米音協合唱団	12月11日(日)	ザ・グランドホール
40	第10回記念　九州国際バッハ音楽コンクール	九州国際バッハ音楽コンクール事務局	12月17日(土)・18日(日)	ザ・グランドホール
41	喜多流　能　羽衣	久留米座演能実行委員会	1月21日(土)	久留米座
42	La Chanson くるめ　　春立つ風によせて	La Chanson くるめ	2月19日(日)	久留米座
43	第6回　ゴスペル for 3.11　チャリティコンサート	ゴスペル for 3.11 実行委員会	3月11日(土)	ザ・グランドホール
44	線香小噺教室と落語会	久留米落語長屋	3月11日(土)・12日(日)	Cボックス
45	久留米がすりのうた	劇団PROJECTぴあ	3月19日(日)・20日(月)	久留米座

Closeup 小松杏里のくるめ演劇塾

久留米シティプラザ演劇創造プログラム ジュニアからシニアまで参加できる演劇塾＋発表会

久留米シティプラザの自主事業には、文化芸術が香るまちとして、美術や音楽、伝統芸能などではよく知られている久留米に、さらに文化芸術のひとつである「演劇」も根づかせたいという思いから、「子どもたちとともに」「まちに生きる」「つくる、つたえる、つながる」という事業テーマに沿うよう、演劇芸術の魅力を子どもたちを含めた次の世代に伝え、つなげていく事業として「久留米シティプラザ演劇創造プログラム」がある。

その第1弾となる「小松杏里のくるめ演劇塾」が2016（平成28）年度よりはじまった。オープニング事業としての取り組みで、3年のカリキュラムを予定。まず1年目で基礎づくりをし、2年目に〈久留米座〉での旗揚げ公演、3年目に自主企画制作による公演を行うことなどを目標としている。さらに、この演劇塾では、久留米シティプラザでの公演に留まらず、久留米での演劇文化の向上を目指し、市内の小学校や中学校へのアウトリーチ事業としての演劇教室なども開催できるようにしていきたいと考えている。

コースは、「子どもたちとともに」教育普及事業として小学2年生～6年生を対象とした「ジュニアコース」、中学生・高校生を対象とした「ユースコース」、「つくる、つたえる、つながる」教育普及事業として、18歳以上を対象とした「アテインコース」、子どもからお年寄りまで年齢制限を設けない「プラ座コース」を設置。レッスンは館内のスタジオや〈Cボックス〉を使用。特に「プラ座コース」は、2017（平成29）年1月の修了時に〈Cボックス〉での発表公演を

演劇創造プログラム事業の位置づけ

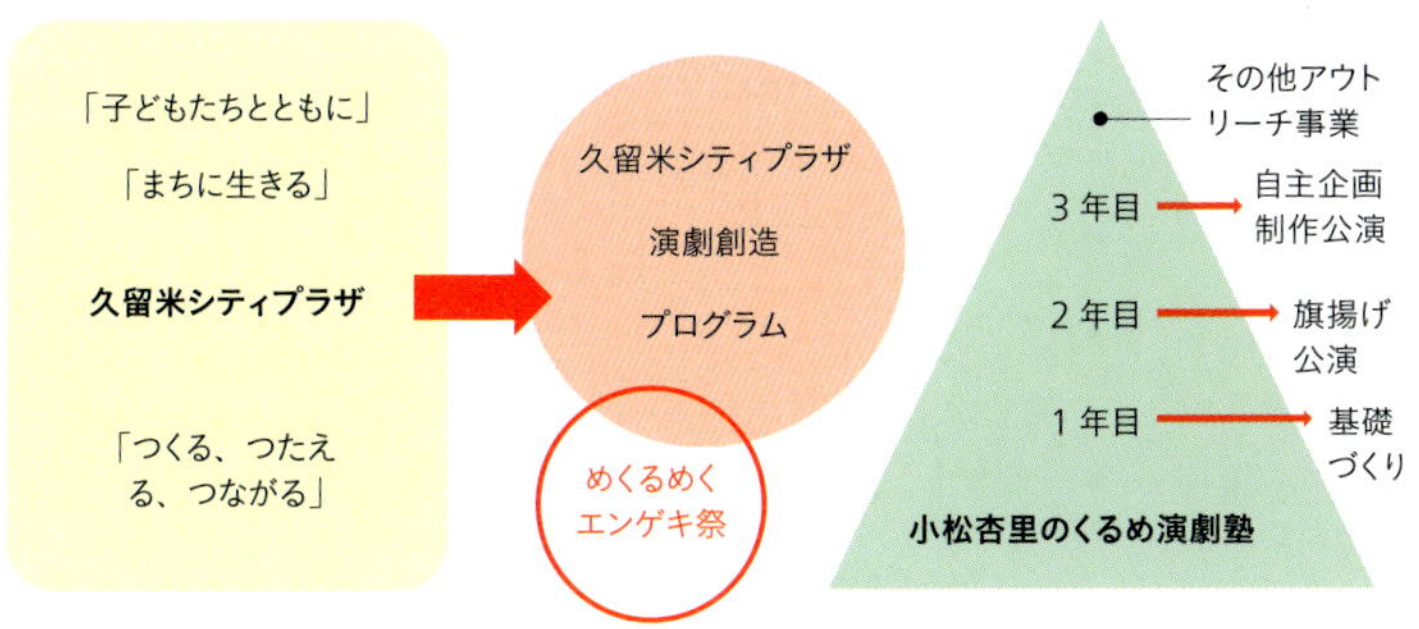

行うことで、市民の演劇に対する関心を高めつつ、久留米シティプラザでの演劇事業にも、より多く足を運んでもらえるように、久留米に「演劇」芸術を浸透させていくことを目指している。

全コースの監修は久留米シティプラザのドラマアーツ・ディレクターである小松杏里が務め、塾長および常任講師としても指導。九州大谷短期大学・表現学科演劇放送フィールドの齋藤豊治教授がカリキュラム・アドバイザーとして協力している。また、特別講師として、演劇・ダンス分野において現役で活躍している九州在住・出身の演劇人を招聘し、表現の奥深さまでを学ぶレッスンを実施している。

「演劇の面白さを伝え、久留米ならではの演劇ができればと思います」と、小松塾長。久留米らしい演劇を創造し、根づかせるためのプログラムが進行している。

塾生の募集案内チラシ

塾長の小松杏里。劇作家、演出家として数々の演劇の演出や声優養成スクールの講師などの実績をもつ

ジュニアコース

小学2年生から6年生までを対象としたコース。表現の基礎力を、演劇で遊びながら身につけていくことをベースに、表現をすることでコミュニケーション能力を向上させ、今まで体験したことのない世界と出合うことで社会性や協調性を広げていく。

ユースコース

中学生・高校生を対象としたコース。演技の基礎となる呼吸法、発声や身体づくりからはじまり、感情表現、舞台動作、台詞術など演劇表現の基礎、さらに、即興演劇、ダンスパフォーマンス、パントマイム、ミュージカルなど応用表現も学ぶ。

アテインコース

18歳以上を対象としたコース。高校生は不可。経験不問で誰でも参加できる。複数の講師によりさまざまな演劇表現を学ぶ。

プラ座コース

対象は子どもからお年寄りまで、年齢制限なしのコース。参加者はオーディション選考によって決定し、修了時には発表公演を行う。

©EXILE magazine／Emiko Morizaki

女優として、ここの舞台に立ち、演じたい

フォト・インタビュー 03

田中麗奈

久留米出身の女優として、映画や舞台、テレビドラマなどで活躍中の
田中麗奈さんに、久留米の好きなところ、
久留米シティプラザにできたホールへの思いについて、うかがいました。

——久留米で思い入れのある場所はどこですか？　また、その理由をお聞かせください。

田中 石橋文化センターです。保育園のときに、先生と生徒みんなで、ここで絵を描いたり、落ち葉を拾ったり、お弁当を食べたりしました。

お遊戯会や、卒園式などの大事な行事もここのホールでしました。お遊戯会では、初めて舞台に立ったということですかね（笑）。感想は、「快感」ですね（笑）。

——久留米シティプラザができた、六ツ門界隈にはどのような思い出がありますか？

田中 久留米井筒屋へはよく行っていました。両親と買い物へ行っていたのが一番印象的です。大人のデパートというイメージです。

——新たに芸術文化の拠点となった久留米シティプラザについて、何を思いますか？

田中 これからの久留米を背負っていく若い世代の人たちがチャレンジできる場所になればいいという希望はあります。自分を試せたり、表現する場所。何かやりたい！と思ってる久留米の人たちが活動、発信する場所となってほしい。

私もチャンスをいただけるのなら、女優としてシティプラザの舞台に立って演じたいのはもちろんのこと、何か発信できる企画を立て、実現していきたいです。アイデア、ご協力、ぜひお願いいたします。

在りし日の久留米井筒屋

田中 麗奈

石橋文化センター・石橋美術館を背景に

田中 麗奈（たなか　れな）
福岡県久留米市生まれ。1998年に映画「がんばっていきまっしょい」で初主演。日本アカデミー賞新人俳優賞など多数受賞。以降、映画を中心にドラマ、舞台や連載など幅広く活動。2010年より、久留米ふるさと特別大使を務める。

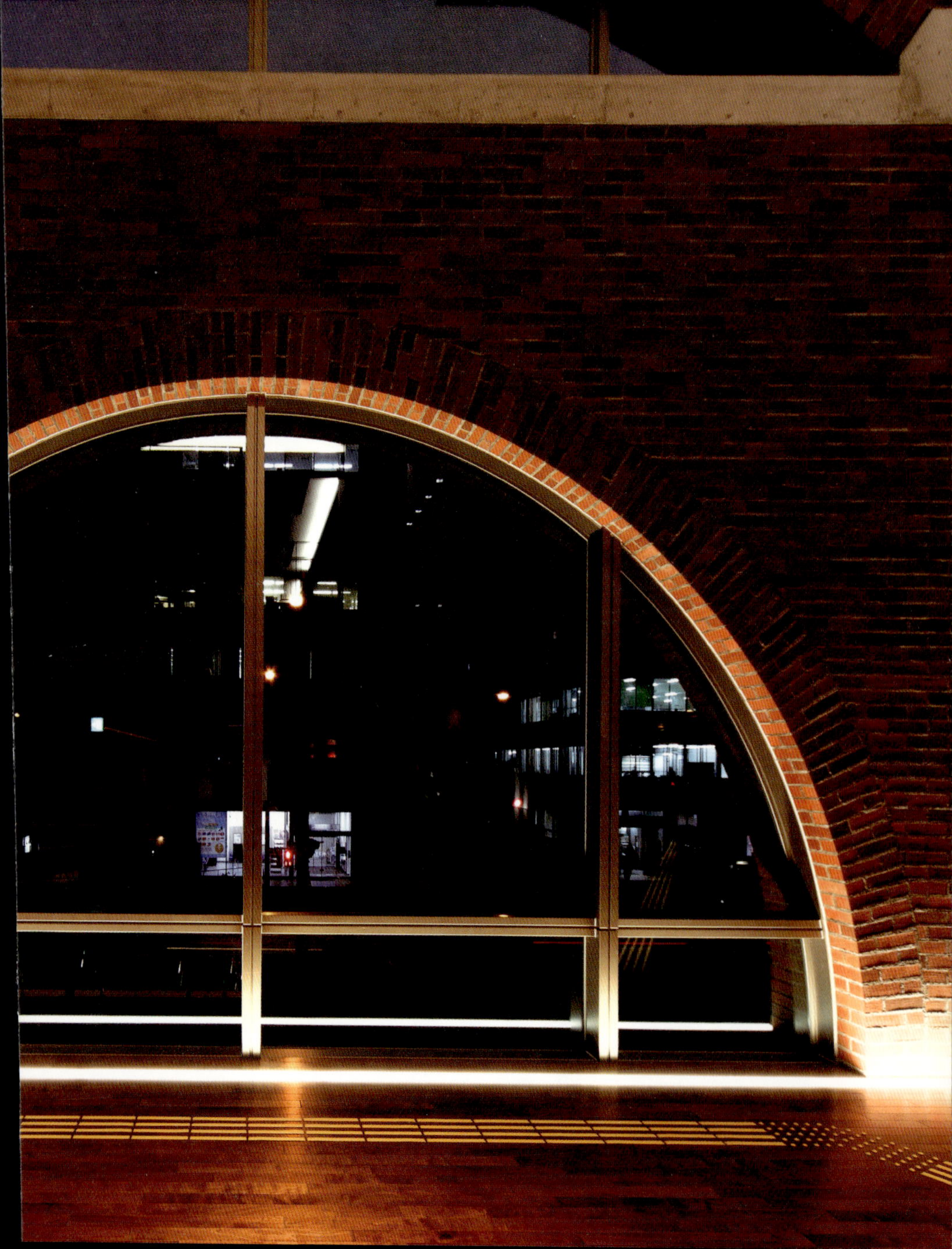

第4章

久留米シティプラザをつくる

―ハードへのこだわり（施設編）

久留米シティプラザが
まちの中心にその巨大な姿を現した。
外観から内装、高度な設備機器、家具に至るまで、
この施設に込められた
さまざまなこだわりについて、
携わった人々の想いとともに紹介する。

久留米シティプラザのつくり方へのこだわり

いくつもの困難を乗り越えて

全国の地方都市同様、郊外型の車前提の生活スタイルや、久留米で言えば福岡市のような大型コンサート等のイベントからブランドショップまで東京並みの消費を満喫できる大都市への日常的な来訪の結果、久留米の中心市街地の集客は大きく低下し、2003（平成15）年に郊外への大型商業施設の開業もあって、現在、久留米シティプラザが建つ六ツ門地区では2005（平成17）年にダイエー六ツ門店が閉店、2009（平成21）年には72年間続いた百貨店の久留米井筒屋（前身の旭屋デパート時代を含める）が閉店し、それに連動して商店街のシャッター率が2割を超える事態となった。

今回、久留米井筒屋跡地を含む一帯の再開発は、民間の法定再開発として進められた。戦後すぐから賑わった同地区だけに、さまざまな関係者や経緯があるが、久留米一番の中心地を再生させることを共通の想いとして、いくつもの困難を乗り越えながら進められた。

久留米井筒屋閉店に前後して、現在、久留米シティプラザの会議室等がある場所（9番街区）には旧六角堂広場があった。戦後、地域振興のシンボルとして設置され、広場名の由来にもなった六角堂の周辺には多数の小売店がひしめき賑わっていたが、閉店や火災もあって旧に復することが難しくなった。このため、2003（平成15）年に、市による整備が行われ、旧六角堂広場が誕生し、まちなかの広場としてさまざまな催事行事が行われた。今回の開発に合わせて、雨天時や夏の猛暑、冬の寒風に影響されることがないよう、屋根付きの広場として生まれ変わった。

久留米シティプラザに隣接する旧新世界地区の再開発では、すでに2棟のマンションが建設され、まちなか居住の回復がはじまっている。周辺地域でもさまざまな取り組みがはじまっていて、久留米シティプラザをきっかけにまちが元気を取り戻す日も近いと予感させる。

こだわってつくる

文化芸術振興、広域交流促進、賑わい交流に加えて六ツ門地区の商業拠点という4つの機能を同時に果たすことが期待されている久留米シティプラザ。久留米の中心地に2つの街区をまたいで建設された大規模公共施設は、これらの機能を有機的にかつ確実に実現していくために、建物構成からホールの椅子の寸法や、ピアノ、音響や照明など専門的な設備の一つひとつに至るまで、こだわり抜いた計画が実現されている。

愛着と風格のある外観デザインを目指してレンガをベースとしてデザインされた外壁に囲まれた内部空間は「人が流れ込み、回遊する施設」となるよう、まちのさまざまな方向からアクセスしやすい出入り口を設け、8番街区と9番街区を上空でつなぎ、建物内外に人が回遊する動線を確保、各所に滞留を促すベンチやテーブルが置かれたスペースも豊富に設けられている。特徴的な場所としては、〈六角堂広場〉と六ツ門商店街に開放的につながる憩いの空間〈カタチの森〉がある。プレ事業でのワークショップが大変好評だったアートユニットtupera tupera（ツペラツペラ）が空間デザインに参加して子どもも大人も楽しめる空間になっている。また八畳三間連続の構成をもつ和室〈長盛〉は、正式な茶会を開くことができる広間茶室でありながら、華道・茶道の教室や小会議やセミナーなどの利用など、他の用途においても多様に活用できる和室となっている。使用されている素材も久留米の耳納石といった地域ゆかりのものを積極的に使用し、和室導入部中会議室側壁面には城島瓦を棒状に焼成したもので訪れる人を迎える。外構についても〈六ツ門テラス〉や屋上庭園をはじめとして、市の名前のついた「クルメッツジ」「クルメツバキ」を積極的に使用するなど、地域に根ざした緑のデザインが施されている。こうしたデザインについては、施設全体の設計を担当した建築家と、さらに細部について協力やアドバイスを行った建築家やデザイナーたちがこだわりのポイントについて語っている（142-175p）。

そして本章の末尾では、ホール施設の品質を決定づける舞台設備についてのこだわりに関して、舞台、照明、音響それぞれのアドバイザーたちの考え方を紹介する（176-189p）。

商店街のアーケードを背景に上空通路にて、久留米市参与の田辺清人氏（左）と六ツ門8番街地区市街地再開発組合理事長の橋本安彦氏（右）

対談

まちなかにホールができるまで

六ツ門８番街地区市街地再開発組合理事長
株式会社ハイマート久留米副社長
橋本安彦

×

久留米市参与
田辺清人

商業・コンベンション（ＭＩＣＥ）機能を伴う集客施設の事業運営管理の専門家であり久留米市参与である田辺清人氏と六ツ門８番街地区市街地再開発組合の理事長を務めた橋本安彦氏の２人に、中心市街地の再開発事業としての久留米シティプラザ建設に関して、施設ができるまでの経緯やこれからの期待感について対談いただいた。

再開発事業との関わり

橋本　この界隈は、以前はとても賑わいのある商店街でした。私は近くの日吉小学校に通っていましたから、かつての六角堂や迷路のような商店街が遊び場でね。久留米の人間からすれば、ここは昔からまちの中心でした。

再開発前の旧六角堂広場（9番街区）は市の土地で、お店が入っていた建物はハイマート（株式会社ハイマート久留米）が所有していました。その隣の区画（8番街区）には、銀行と久留米井筒屋、30軒ほどの商店やビルがありました。ここが六ツ門8番街地区市街地再開発組合の事業が行われた区画で、その約7割を占めていた久留米井筒屋が撤退したあと、市が土地を買い取ることになりました。そしてハイマートも地権者になりました。あとはもともとあった商店など個人の方々が地権者でした。

田辺 僕は２００８（平成20）年に経済産業省の中心市街地活性化の専門委員として初めてここへ来ました。当時は、まだ市民会館の移転をどうするか、久留米井筒屋の跡地をどうするかを検討していた頃で、この場所に市民会館が来ないなら公園にするという話もあるなか、分棟型の公共施設の提案をしたことがありました。

その後、市民会館に替る新しい施設を整備するための基本計画が策定されるということで、当時まだ参与になる前の高宮館長から、コンベンションビジネスの経験をもつ僕に協力をするよう声がかかり、4年ぶりに久留米に戻ってきたということです（２０１２（平成24）年4月、佐藤信氏・高宮知数氏・田辺清人氏が久留米市参与に就任）。

今回の施設は、文化振興の一方で、中心市街地活性化のための機能も必要。また学会などコンベンションの開催ができることで、僕はその誘致をしないといけない。それを専門とした事業を担当しています。

橋本 私がこの再開発事業に携わりはじめたのは、準備組合の頃でした。準備組合は２０１１（平成23）年1月に商店街の時計屋、饅頭屋、眼鏡屋、衣料品屋、本屋など個人の地権者が集まって設立されました（本組合は翌年12月設立）。その年の10月、理事長が宗野氏から私に変わりました。田辺さんに最初に会ったのは、準備組合のときでしたね。

田辺 そうですね。僕が参与になってからです。

ここまで来るにはいろいろありました

橋本 再開発組合の理事長を引き受けたのはいいけれど、最初からスムーズにはいきませんでした。地権者の方が

30名近くおられましたが、少しずつ出て行かれて。準備組合の借入金で地権を買い取って…という感じになりますからね。地権者の方々と食事をしたり、言葉では言えない苦労もありました。毎月呼び出しがあり、総会や理事会を重ね、いろいろなことがあった末に建物がやっとでき上がりました。

田辺 しかし、今回の再開発はスムーズに行ったほうだと思います。特に今回は規模の大きな施設で、一般の方は平面図だけを見ても理解しにくいものですが、コンサルだけでなく商業施設アドバイザーの若松浩文氏が入って、店舗のイメージがつかめるようになりました。緑化もしてきれいな商業空間になりました。

橋本 完成した建物の中を歩いたら広くて迷子になりそうでした。2つの街区にわたっていて、工事の発注方式も市と再開発組合の組み合わせ。思いついたようにできたわけではなく、ここまで来るにはいろいろありました。前市長のときから何とかしたいという話があり、公園にしようという案もありました。しかし、今の楢原市長が決断して、久留米シティプラザができました。見た目にもすごく大きなものになりましたね。

田辺 昔は旧六角堂広場があってハイマートが管理運営をしていたので、広場の隣に商業施設ができるのが一番美しい。計画の段階では、それを一生懸命検討したんだけど、もうひとつできなくて。大ホールを盛り込むとなると、現在の形がベストという話になるじゃないですか。広場と商業施設が隣接したほうが賑わいをつくれるけれど、所有権などのクリアができない。

橋本 もうモノを売る時代は終わった、今さら福岡と対抗しても人々はここでショッピングをしないだろうということで、最終的にホールや展示室などの文化施設を集めようという話になったんですね。

中心市街地活性化の起爆剤に

田辺 そこで問題だったのは市街地の活性化。それに配慮した文化振興のためのホールをつくりたい、学会も呼びたい、おまけに商業施設も必要。そこでそれらの融合案となり、「この施設なんですか?」と聞かれたら、ひと言では言えない施設ができました。現に東京ビッグサイト（東京国際展示場）なんかはあるけど、そこに劇場がくっついている施設なんてないでしょ。

それから、施設内は高機能化されています。例えば、〈六角堂広場〉はステージが可動式（昇降）で、水も使えるよう給排水設備もある。展示室にも給排水設備をつけ、会議室の横にはパントリーがあるなど必要な機能を備えています。それと、会議室はとても開放的です。通常のコンベンション機能としての会議室にはない大きな窓があってとても明るい。プロジェクターを使う場合は暗いほうがいいですが、最近の機器は性能が良いのと、ここは直営組織で技術スタッフがたくさんいるので、技術的なことは彼らに相談すれば何とかしてくれる。ソフトはそれで良い。運営では、このような機能を活かしてどう事業制作を行い、どう展開するかが求められます。中心市街地でイベントをするときにどこまでできるかという話です。

その他には、ロビー空間などにベンチやテーブルを置いて、市民が気軽に使えるようにしています。それから屋上庭園もあります。ふらりと来た人でも、居場所がたくさんあるユニークなつくりになっているんです。

橋本 この久留米シティプラザがあってからの中心市街地活性化ですよ。これが文化振興の次の呼び水にならないとどうしようもない。西鉄久留米駅からＪＲ久留米駅まで中心市街地を貫く道路の整備もある（自転車と歩行者の分離など）。ここが完成して終わりじゃなくて、周辺環境との関わりについて、あとは民間が動かないといけない。アーケードを広げて空き店舗の活用とか。それと、これで（テナント賃料から）ハイマートに収入が出てくるんですね。そこで余裕が出てきたら、まちを活性化するためにお金を使える。新たなお店を出すとか。とにかく人通りが多くなれば何かできる。これだけの施設ができて、それを期待しているところです。

田辺 ここまで長かった。僕の場合、オープンして終わりではなく、運営をきちんと着地させないといけない。当面の5カ年は市の直営としている。その後の管理運営をどうしていくのか。まだ続いています。

橋本 中心市街地活性化の起爆剤になればいい。これだけの施設ができたら、商店街も努力してもらいたい。しっかりしたもの100年間は使わないといけない。しっかりしたものになれば使い道は出てくると思います。楽しみですよ。

再開発組合、久留米市、設計事務所、施工業者のメンバー(躯体工事の現場にて)

久留米シティプラザの建設手法

全体事業スキーム

2つの事業体と事業手法

久留米シティプラザの建設は、8番街区と9番街区という2つの街区に分かれて行われ、それぞれ事業手法が違っている。8番街区(旧久留米井筒屋跡地)については地権者らで構成される「六ツ門8番街地区市街地再開発組合」により再開発事業が進められた。市はそうした地元の動きに連動し、市街地再開発事業に市が参画することで、久留米シティプラザの施設の整備を行った。市の参画は組合施工の市街地再開発事業により整備される施設の建築物の一部(保留床)を市が参加組合員となり取得することを基本としている。9番街区(旧六角堂広場)については、元々六角堂広場としておおむね市の土地であったので、市が直接行う直営事業として整備を図っている。したがって8番街区の事業主体は再開発組合、9番街区の事業主体は市である。

工事施工も8・9番街区それぞれ別のJVで行い、2つの建物を市道上空の通路で連結するような手法を用いている。8番街区・9番街区で久留米シティプラザ建設工事を行った企業は合わせて9JV、23企業に上る（建築工事、電気設備工事、機械設備工事、舞台機構工事、舞台照明工事、舞台音響工事）。本事業は、再開発と直営による事業を並行して行いつつ、統合した全国的にも非常にまれな施工例であると言える。

一 再開発事業について

再開発の経緯

久留米市の市街地は、JR久留米駅から西鉄久留米駅までの153haを中心市街地活性化基本計画の区域として位置づけられる。

そのなかで、特に商業店舗やオフィスが集中している地域であり、かつて久留米井筒屋やダイエー六ツ門店があった六ツ門地区と西鉄電車駅や岩田屋久留米店がある西鉄久留米駅周辺を2つの核として、その間を800mのアーケードが結ぶ通称2核1モールが中心として古くから栄えていた（031p）。

しかしながら、2003（平成15）年の郊外大型店の出店、あるいは新幹線開通後の九州全体におよぶ福岡市への一極集中などがあり、アーケードの人の交通量が最盛期の20〜30%に減少した。空き店舗率も25%を超える状況に陥る。この影響もあってか、六ツ門地区にあったダイエー六ツ門店が2005（平成17）年に撤退、久留米井筒屋が2009（平成21）年に撤去している。

したがって、1つの核を成していた六ツ門地区の再生は喫緊の課題であった。2011（平成23）年1月に六ツ門地区の地権者の間で再開発の検討がはじまり、地元で再開発準備組合が組織された。同年2月に市長が「市民会館に替る新しい施設として、ホール機能とコンベンション機能を併せもった広域文化交流促進の中核施設が必要であり、久留米井筒屋跡地を含む街区を中心とした六角堂広場も含めた場所に、2014（平成26）年度の完成を目指し整備する」という久留米シティプラザ整備の方向性を発表した。その後、久留米シティプラザの設計が行われ、再開発の組合設立を経て、工事が2013（平成25）年10月にスタートし、2016（平成28）年春の完成に至っている。

そもそも再開発とは

広い意味で解釈すると、再開発とは、ある時代に一度つくられたまちや建物を再び新しい時代に合った利用形態につくり直したり、改修したりすることである。

具体的には宅地の細分化・木造家屋の密集地帯における災害危険性の増大、大型郊外店の出現、定住人口の減少、既存商店街の衰退などの「都市問題」の解決に対して、個々では限界がある国や自治体、地域住民が互いに一体となり災害に強く住み良いまちによみがえらせることである。コンパクトなまちづくりを進める上で、これからの都市にぜひとも必要な手法である。

再開発の仕組みは「関係権利者」「新たな入居者」「国・自治体」の三者の協力で成り立っている。新しい建物をつくる資金は土地の高度利用で生み出した「余分の床（保留床）」を新たな入居者に売却することで得られる資金や国・自治体からの補助金で賄う。

自治体財政手法

市民会館に替る新たな文化交流施設の整備は、市にとって長年にわたる懸案事項であった。建設後45年以上経過する市民会館は耐震構造やバリアフリーなどさまざまな問題を抱えていた。しかしながら、施設の建設は大きな財政負担を伴うことから、過去よりなかなか整備に着手することができなかった。そうしたなかで市の財政にとって有利な財源である合併特例債や中心市街地活性化基本計画の認定を受けたエリアが対象となる国からの補助金（社会資本整備総合交付金）、再開発を対象とした補助など国の充実した支援制度を活用することで市の実質負担額を大幅に軽減することができ、財源対策の目途が立ったことから久留米シティプラザの整備に踏み出すことが可能となった。

施設整備に必要な事業費は最終的に１７７億円に上るが、国の支援制度の活用などで実質的な市の負担額は51億円程度に抑えることができた。

設計者選定と設計プロセス

久留米シティプラザを計画する際にこの施設がもつべき機能が多種（市民会館の代替、コンベンション機能、賑わい交流機能、商業機能）である点を踏まえ、それぞれの機能・施設の効率的な配置について最も注意を払った。

２０１２（平成24）年5月には、設計者の選定はプロポーザル方式でさまざまな提案のなかからホール系を8番街区・会議展示室系を9番街区に集約した設計者（香山壽夫建築研究所）を採用した。これは、不特定多数の人が集まる施設ということもあり、来館者、出演者、スタッフ、搬出入などがわかりやすく区分され、かつさまざまな人がさまざまなところから入り、回遊できる施設を目指した点などを評価した結果である。

工事発注手法

分離発注について

先述のように久留米シティプラザは8番街区と9番街区で事業者が異なっている。8番街区は再開発組合、9番街区は久留米市が事業者であるが、完成後の建物は、商業施設以外の床のほとんどを久留米市が保有することとなる。ゆえに設計は両街区が一体として行われており、組合から市への依頼のもと、市のイニシアチブでひとつの施設として設計が進められた。

同様に工事の施工者の選定についても、8番・9番街区を同じ方法で行うこととなり、再開発組合から久留米市への依頼により、入札事務が市に一元化されている。

工事初期。左側が9番街区、道路を挟んで右側が8番街区

このような発注方式についてはホームページを通じて告知された。

2つの街区があること、発注者が違うことなど、技術的にも非常に高いレベルが要求されるため、適正な業者の選定がこの事業の成功の必要条件である。そのため、総合評価方式による分離発注という形式が採用された。

発注区分として、8番街区は通常の建築・電気・機械の3区分に加え、高い専門性を有するホールの舞台設備にも発注区分を設け、音響・照明・舞台機構がそれぞれ個別の発注の対象となり優秀な業者を募った。9番街区の建築・電気・機械の3区分を加え、全体で9業者が工事契約業者になる。建築・電気・機械は大手と地元の企業のJV、舞台関係に関しては舞台機構・照明・音響それぞれについて、日本全国で舞台設備の工事をしている業者各1社が受注業者となった。

業者が入札に参加する条件として過去の実績を重視した。8番街区は1000席以上のホールの工事の経験を条件とした。9番街区には舞台がないので、同等の建築規模の施工実績として、10000㎡以上という条件を設けた。

総合評価について

今回の工事の総合評価のやり方としては、施工業者などの社内の技術者数など企業の能力だけを図るという方式ではなく、国の定める「標準型」という形式を久留米市で初めて採用した。標準型とは単純化すると細かな技術提案を求める方法である。

建築工事については8つのテーマを選定し、提案を求めた。工期が厳しいという状況にあったので、工期短縮の工夫に関する提案。複雑多岐にわたる関連業者との調整方法に関する提案。建物の安全性や耐震性に関する技術的提案。音響性能の確保に対する提案。経験者の確保を中心とした技術者の配置に関する提案。久留米市で最も交通量の多い中心市街地が現場であるため、歩行者などの安全確保に対する提案。工事現場周辺での騒音や粉塵対策への提案。また、工事現場の広報とイメージアップに関する提案。以上のような項目を設け提案を募った。さまざまな提案がなされ、実現したことで無事に工事も完了し、質の高い建物となった。そのなかのひとつであるが、実際にアーケード街のなかに大きな情報コーナーをつくるという提案が実現された。提案した業者が場所の手配やブースの設置を行い、展示コンテンツを工事業者と久留米シティプラザが協力しながらつくった。

舞台設備関係はそれぞれの業種毎に異なる6つの提案を求めた。テーマの設定に関しては委員会形式で行った。価格だけでなく、テーマを設定して評価することで、工事の質を上げることが可能となった。工事価格の競争だけではなく、さまざまな情報を加味しながら業者決定の最終結論を導いた。

アーケード街に設置された市民へ向けた情報コーナー

工事工程

工程について

工事契約は、8番街区も9番街区も2013（平成25）年9月に行われた。完成はそれぞれ、9番街区が2015（平成27）年の11月27日、8番街区が2016（平成28）年の1月29日である。2年あまりの工期であった。

工事の最大の特異性であり、難点は2つの街区にまたがる工事の調整であった。両街区の建物が連結しているだけでなく、電気や機械などの設備は両街区で機能的にも連続しており、一ヶ所のコントロールセンターで制御されている。両街区の建築・電気・機械などの工程管理を含めた調整が非常に複雑であり、月に1度の定例会議では市、組合、設計事務所、23の元請業者が集まり協議を行った。

建築工事における最大の難所は2街区を連結する上空通路の建設であった。2つの街区をつなげたいというアイデアは市が基

2つの街区の間を通る道路上空の通路

本的な構想の段階から考えていたことであるが、それを上空通路という形式で実現するために道路上の建築物としての防火や構造性能の問題など計画上、あるいは建築確認許可の段階においても最も集中的に検討された箇所であり、工事段階においても同様であった。建設は両街区を隔てる道路を2015（平成27）年6月から8月まで約3ヶ月間、通行止めにし、周辺の皆様への影響を最小限にするため、可能な限り短期間で一気に行った。上空通路は地上から4階分の高さに相当するため、4階建ての建物を建設することにある意味等しい。これを3ヶ月というスピードで行った。また、地下通路の部分は片側通行止めなどをしながら進めた。もともと広い道路ではないので、片側に規制をかけると対向交通に無理が生じる。一部敷地内部を通行させることでこの問題を解決した。

一方、工程上、一番厳しい工区は〈ザ・グランドホール〉であった。工程表のクリティカルポイント（重点管理する部分）として設定し、〈ザ・グランドホール〉を中心に職人など人工の配置を行った。さらに、同ホールは音響の問題もあり難しい工区であった。建物の縁が切れて音の影響がない部分、音の影響が出る部分など3つのパートに分けて工区・工期の管理を行った。

工事中の想定外の出来事としては、掘削開始後すぐに

Episode

建設工事のスローガンは「人に感動を与え、自らも感動する仕事をしよう」

8番街区担当
鹿島·金子·大和·小林特定建設工事共同企業体 所長
児島　孝

·施工の特徴について

今回の工事では、中心市街地での大型工事であったこと、しかも非常な短工期での竣工が求められていたことが大きな特徴です。特に8番街区と9番街区をつなぐ上空通路の施工や、大劇場の上部に取り付ける大梁の施工は、狭い敷地内での工事ということと相まって大きなテーマでした。

自衛隊の爆弾処理班による不発弾処理が行われた現場（2014年4月11日撮影）

·工事中のエピソードや、特に印象に残ったことについて

最も印象的なのは、度重なる不発弾との対面でしょう。掘削工事中の土中から、久留米空襲（1945（昭和20）年8月11日）時のものと見られる250キロ焼夷爆弾（信管が付いた不発弾）が出土したのです。近隣住民を避難させ、自衛隊が処理をしましたが、その間作業がストップしたため、工程上かなりのダメージを受けてしまいました。さらにその頃は同時期に大型工事が複数出件していたため、慢性的な作業員不足に陥っていました。そんななか何とか工程を回復しようと作業員集めに奔走したことや、劇場屋根の鉄骨を特殊な工法（スライドエ法）を用いて組み立てていったことは大変でしたが良い思い出となっています。

ところで当JVではホール満席時の音響測定を技術提案していました。実際の楽器演奏ならより確実な音響性能が確認できるのではないかという思いから、工事関係者でバンドを結成し2年間の練習を重ね、〈久留米座〉での試奏会で演奏を披露しました（因みにバンド名は『MISFAIA（ミスファイア）』。意味は「不発弾」）。〈ザ・グランドホール〉は地元高校の管弦楽団とプロのピアニストによる演奏を実施して、いずれも良好な結果が得られました。

·施工を終えての感想

ご下命を受けたときから、このプロジェクトのコンセプトが「六ツ門地区の賑わいを取り戻す」「久留米市を元気にする、文化の発信基地にしよう」ということであり、久留米市民が多くの期待をかけ、工事の完成を待ち望んでいる気持ちが伝わってきていました。そこで「人に感動を与え、自らも感動する仕事をしよう」を建設工事中のスローガンとし、建設に携わるすべての者がこの気持ちで作業にあたることを目指してやってきました。グランドオープンの日、＜六角堂広場＞がたくさんのお客さんで賑わい、オープニングセレモニーで皆さんの笑顔を目にしたとき、当初のスローガンを達成できたのではないかと思いました。

工事を終えた現在、「次は六ツ門。久留米シティプラザ前でございます」と、西鉄バス内のアナウンスが流れると、何とも言われぬ充実感に包まれます。理解のある発注者、監理者、優秀な工事スタッフに恵まれ、ともに仕事ができたこと、そして久留米の皆さんの未来への思いに少しでも関われたことを誇りに思います。（談）

久留米の象徴となる久留米シティプラザ 完成した姿を見て 施工中の苦労も喜びに

9番街区担当
西松・半田・黒田・東建特定建設工事共同企業体 所長
宮本睦巳

・施工の特徴や苦労した点について

2つの街区（8番街区と9番街区）の同時施工でしたので、お互いの邪魔をせず、協力し合いながら、同じ速度で工事を進めていかなければいけなかったことが大変であり、今回の施工の特徴のひとつでした。

レンガ積みの施工中。一つひとつ手作業で積み上げていく

展示室前の壁面のディテール

中心市街地での工事であり、特に9番街区は敷地の周囲を商店街と幅の狭い路地に囲まれていたことから、敷地の広さの割に車両や資材の搬出入のためのスペースに余裕がないという制限があったことや、各階の階高が高いため、内部足場の仮設計画に苦労がありました。技術提案をさせていただいたコンクリートの打ち放しをいかに綺麗にするかという点や、外壁や内部の壁をレンガで仕上げるデザインのため、最近では珍しいレンガ積みを、しかも約2,000平米もの施工をするための作業員を確保するという点に苦労がありました。

・工事中、特に印象に残ったことについて

ビルの中につくった本格的な和室（〈長盛〉）が印象的でしたね。使用した木材や石など、設計者が材料・材質にこだわられていて、特徴的な空間をつくることができたと思います。あのような本格的な茶室も今はほとんどないですからね。

・施工を終えての感想

今後の久留米市のランドマークとなるような建物の施工に携わることができて、とてもうれしいです。私が特に好きなのは、〈六角堂広場〉の大階段から広場にかけてのダイナミックな空間、それと和室です。無事に完成した姿を見て、施工中の苦労も喜びに変わりました。（談）

外観が立ち現れてきた頃

不発弾が出てきたことがある。それに伴い工程の延長が必要となったが、他工程への影響が最小となるよう最適な工程変更を行った。

周辺の整備

久留米シティプラザ建設にタイミングを合わせて、周辺の中心市街地の整備が連動して行われた。明治通り車線の整備、自転車レーンの創設、バス停の改築などである。

久留米シティプラザ単体の建築工事に終わらず、周辺一帯の再開発が進められるなかで、市内のさまざまな部署だけでなく、県や国などとの連携が必要不可欠であった。さらに上下水道など他のインフラも含め、関係者の数は膨大となり調整が多岐にわたることとなった。

2011（平成23）年2月の市長の方針発表から約5年、用地買収にはじまり、設計・工事のみならず、ソフトの構築までを含め、オープンまで大変なスピード感で実現されたこともこの事業の大きな特徴であると言える。

北側に走る明治通りより見る久留米シティプラザの全景

施設全体の設計

久留米シティプラザの建築デザイン

文：香山壽夫
設計・監理：香山・DEN・國武・北島・ナカヤマ特定設計業務共同企業体

久留米は、地形的に九州を縦横に貫く軸線の交点に位置する中心であるだけでなく、歴史的にも、その時代の特徴を反映しつつ、九州の文化・経済のひとつの中心的役割を果たしてきた。その役割を未来に向かって、さらに強化し、発展させるべく計画され、設計され、そして、実現したのが、この「**久留米シティプラザ**」である。

敷地は、まさにその施設の目的にふさわしく、市の中心にある。北側には市の中心たる広々とした並木道が走り、南側は商店の立ち並ぶアーケード街に面している。東・西両面も、その主要街路に面しているだけでなく、

西側外観。南側はアーケード街に面している

計画地の中央を市道が貫いている。まさにこの場所から、四方に活気があふれ出ていくべく選ばれた敷地である。

施設の内容もそうした新しい活力の展開が期待される意欲的なものである。文化施設として大中小3つのホールに、練習室・スタジオ等の附属諸室が組み合わされているだけでなく、展示室、大小会議室が組み合わされ、さらには大小さまざまなテナントが入る商業施設が複合されている。さらにその上に、東西両端に2つの広場が設けられている。特に、東側の広場は明るいテント屋根で覆われ、多様な目的に対応できるものとして計画されている。

この多様な目的をもった空間の複合をどう実現するか、そして表現するか、それがこの設計の最大の課題であった。言うまでもなく、個々の空間の機能は最高度に実現せねばならない。しかしその上で、さらに重要なことは個々の機能が充足されて、単に集合しているだけでなく、さまざまな機能が集合することによって初めて生まれる新しい複合の機能、新しい働きを生む空間が創り出されねばならない。そしてその活力にあふれる空間の複合性は、外に向かって、表現されねばならない。

東の広場から、大階段を上って、市道の上空を通り、大ホールホワイエから、西の広場につらなるダイナミックな空間はそうした空間の複合性の背骨となるものであり、２つの街区にまたがる長大なファサードを水平に構成しているレンガ積みの壁は、その都市的表現の基盤となっているものである。

全体の概要

久留米市の中心市街地の一角、六ツ門町に、四面が接道する２つの敷地、８番街区（西側：旧久留米井筒屋側）と９番街区（東側：旧六角堂広場側）があり、その間にある市道Ｄ１０３号線をまたいで一体の建物となるように計画した。

諸室の構成としては８番街区に大中小の３つのホールとスタジオ・楽屋・搬入口などの劇場関連諸室が配置され、９番街区に広場・大中小会議室・和室・展示室等を配置している。両街区の間の市道Ｄ１０３号上には２階と４階を接続する連絡通路を設け、それと連続したロビー空間で８・９番街区各諸室のさまざまな機能をつなぐことで、いたるところで常に市民が集い活動することができる建築を目指した。

市道をまたいで建物が一体化。2つの街区を上空通路でつなぐ

人々が往来するアーケード街側の1階にはテナントが入る（8番街区）

立面の意匠について

建物の顔となる立面では、久留米の中心街の２街区分（１８０m×５０m）の敷地に対し、一貫して３層からなる立面構成をつくることで、久留米の中心街の「骨格」をつくろうと試みた。

まず１階にはアーケードの店舗からまちの活気がつながっていくように、商業店舗（テナント）が直接外部に面するように配置されている。モザイクタイルで細かく分割されたコンクリートの列柱によって高さを抑え、建

立面（外観）では、1階部分は歩行者のスケール感を、2-3階部分はレンガ積みを軽やかに、さらに上部は内部の機能に沿ったヴォリュームを複合的に構成

物の足元を歩行者のスケールに馴染む佇まいとしている。

次に2階3階は上空通路によって2つの敷地をひとつにつなげるメインロビーとなっており、外観では宙に持ち上げられたようなレンガの層として表現されている。建物全周の地上5mと15mの高さに薄いコンクリートのボーダーを通し、その間に厚みのあるレンガ積みの壁を並べた。巨大になりがちな劇場建築の外観を人間的なスケールに抑え、街並みの高さに確かな基準を与えるとともに、レンガ壁のリズムが街区をまたぐ長大な外周を適切に分節している。

最後に、4階より上はレンガの壁面よりもセットバックさせ、コンクリートやガラスのヴォリュームを内部の機能的要求にしたがって配置し、建物の屋上に複合的な街が織りなしているかのような外観としている。

内部空間について

まず、アーケード街から連続した22m×50mの〈六角堂広場〉は屋根がかかった全天候型の広場となっている。広場中央には膜屋根をフワリとかけ、軽快な印象をつくり出すとともに、柔らかく光や風が通る空間としている。広場といってもほぼ劇場並みの設備を備えており、上部

上／全天候型の〈六角堂広場〉（9番街区）。大階段を上がって2階ロビー、さらに上空通路を通り抜けて大劇場ホワイエへと、広場からダイナミックに空間が続く
下右／広場には昇降する舞台も備え、上空に膜屋根をかけたことで柔らかな光や風が通り抜ける
下左／舞台上部の技術ギャラリー

の技術ギャラリーや固定バトンを活用して仕込みを行えば、音楽系のイベントから演劇、展示会、結婚式など多目的な用途に対応できる。

そして、この建物のひとつの大きな見せ場は、〈六角堂広場〉から大階段を上って2階のロビー、大劇場ホワイエに至るダイナミックな内部空間である。毎日さまざまなイベントで人が行き交う広場から連続的に人を招き入れ、建物内部にも賑わいが生まれるような構成となっている。

また大階段は〈六角堂広場〉内の舞台に対してほぼ正面にあり、舞台の観客席としても使える。ここは活気のある久留米のまちの舞台になってくれることだろう。

大階段を上ると、建物の「ピアノ・ノビレ（主階）」となる、街区をまたぐ2層吹き抜けの空間が広がる。このフロアから4階までエスカレーターが貫き、建物の主要な諸室にアクセスできる。大劇場・中劇場ホワイエを包

上／〈六角堂広場〉から続く2層吹き抜けの2階ロビー（9番街区側）
下／2層吹き抜けの長大なロビー空間を介して、奥には大劇場ホワイエ、手前（右上階）には中劇場ホワイエが展開。インテリアは久留米らしい色と素材で構成。壁面の墨色は中劇場のエリアであることを表す

ロビー（写真左手）から続く大劇場のホワイエ（写真右手）。木レンガのアーチなど赤が基調

括する長大なロビー空間は、内部とはいえ都市的スケールともいえる大きな空間であり、それぞれの場所に応じて多様性のある色や素材を選定した。

まずロビー空間は外壁からつながる7・4mの高さのレンガとそれに合わせた深い朱の粗い左官壁をベースとして、藍、緑青、粗いコンクリート、久留米絣を挟み込んだガラスなど、久留米らしい色と素材で構成されている。また大・中劇場のホワイエは、それぞれの劇場の主な素材・色（大劇場は赤く染めた木のレンガによるアーチ、中劇場は墨色）を用い、内部空間のイメージを想起させる

久留米絣をガラス面に使用（2枚の合わせガラスの間に挟んだ）

意匠とした。

ロビーの中央に位置し、8番街区と9番街区をつなぐ上空通路は、2層吹き抜けの道路上建築である。凹状の円弧のガラスカーテンウォールで構成され、外観においては建物の中心として「受け」の構えを取り、内部ではロビーの空間に奥行きのある広がりを与えている。

凹状のカーテンウォールをもつ上空通路が2つの街区にわたるロビー空間をつなぐ

大劇場〈ザ・グランドホール〉は、約1500席の音楽を主とした多目的ホールである。舞台間口最大12間、最大5層のバルコニーという大空間に対し、地場産の杉材を切り出した木レンガで埋めたアーチを4層にわたって連続させ、全面的に赤に染めることで、オペラ鑑賞にもふさわしい古典的な重厚さと、柔らかさ・暖かさを同時に感じられる空間とした。空席時残響時間は2・0秒に達し、どの客席においても生音の豊かな響きを感じることができる。

中劇場〈久留米座〉は、能舞台も可能な約400席の演劇主体ホールである。2層の空間に対し、墨色に染めた繊細な米栂の縦格子を全面的に用い、その裏に照明が施された赤い壁を設えた。嘉穂劇場や八千代座のような伝統的な「和小屋」の、艶やかだが親密な空間イメージを、細くエッジの立ったディテールで構成することによって現代的に解釈した。客席空間は奥行きよりも間口のほうが広い平面形状であり、どの客席からでも演者を間近に感じることができる。

小劇場〈Cボックス〉は、床全体が可変、かつ天井全面にブリッジを設えた、いかようにも使える小ホールである。一般的には無開口とするブラックボックス型ホールだが、ここでは上手側面の間口全体を、スクリーンによって完全遮光できるガラス開口とし、自然光を取り入れることでより多様な演出が可能となるようにした。上手下手に列柱を並べ、アクティングエリアと通路動線をゆるやかに分節（幕を下げれば分離、上げればつながる）するとともに、古典的な祝祭性も感じられる空間とした。

大劇場〈ザ・グランドホール〉。オペラ鑑賞にもふさわしい大空間

赤く染めた杉材の木レンガでバルコニーの壁面を構成

舞台から客席方向

和小屋をイメージした中劇場〈久留米座〉。客席は奥行きよりも間口のほうが広い平面形状

2階、袖側の席。繊細な黒い縦格子のディテールを奥の赤い壁が引き立てる

設計・監理を終えて

この3万㎡を超える超複合施設の竣工に至るまで、基本設計7ヶ月、実施設計4ヶ月、工期2年4ヶ月という、通常では考えられない短い設計期間と工期のなかで、どれだけ質の高い建築がつくれるか、の戦いだった。

その厳しい条件のなかで、我々設計者に限らず、800を超える工事関係会社、延べ20万人に上る施工に携わった方々ら、(この書籍には掲載されていない)多くの専門家が知恵を出し合い、日夜を問わず働き、ようやく

上／ブラックボックス型の小劇場〈Cボックス〉。床は使用目的によって高さや構成を変えられるつくり
下／壁の一面はガラス開口となって、遮光カーテンを開ければ外光を取り入れることもできる

完成に至った経緯がある。

新しい建築をつくることとは、設計・建設に至る時間のなかで発見を積み重ねる過程そのものであると言える。これだけの限られた時間のなか、彼らの努力と献身のおかげで短期間でも質の高い建築を生み出すことができたことに敬意を表したい。

最後に、建物は無事完成したが、今後良く運営されなければ建物は本来の素質を活かすことはできない。良く運営されて市民に愛される劇場となり、久留米のまちが賑わいを取り戻してくれることを願っている。

楽しい雰囲気にデザインされ賑わいを感じる〈カタチの森〉

細部へのこだわり

賑わい交流施設〈カタチの森〉のデザイン

文：川口有子＋鄭仁愉
内装設計協力：株式会社カワグチテイ建築計画
デザインプロデュース：tupera tupera

キーワードは「変化」

2014（平成26）年の春、たまたま別件で打ち合わせをしていたランドスケープデザイナーの山崎誠子さんが帰り際、「ところで今、忙しい？」と問いかけてきたことが、私たちとプロジェクトの出合いでした。すぐに当時参与であった高宮館長にお会いすることになり話をうかがうと、建設中の「久留米シティプラザ」の一角にできる地域交流カフェスペースの内装を、tupera tupera（ツペラツペラ）というクリエイターユニットと一緒に設計をする若手建築家の候補を探している、すごく面白いプロジェクトになるよ、やる気はある？ とのこと。私たち建築家にとって大先輩である香山壽夫さんが手がけるホール、大人気のクリエイターであるtupera tupera、そして劇団黒テントの佐藤信さんが参与を務められているプロジェクト。こんなチャンスにはなかなか出合えないと、迷うことなく手を挙げました。

対象となるスペースは、商店街のアーケードと広場に面し、シティプラザに対する親しみやすさや印象を左右し、周辺地域のなかでとても重要な場所です。図面を読み込みプロジェクトの概要がわかるにつれ、責任の大きさに気が引き締まると同時に、これからの協働に期待が高まりました。

tupera tuperaとカワグチテイによる初期アイデアスケッチ

今までにも複数のアーティストたちと協働したことがありますが、その経験からわかったことは「アーティストによって協働のしかたは全く違う」ということでした。今回も最初はお互い手探り状態。tupera tuperaの表現は、シンプルな線やカタチから生まれるカラフルでユーモアにあふれる世界、また何よりも作品が一方的なものではなく、受け手との間に双方向関係が生まれることが魅力的だと感じました。そして最初に佐藤信さんから出たキーワードは「変化」。日毎や時間毎にガラッと印象を変えようというtupera tuperaの世界観を、いかに建築空間に落とし込むか。プロジェクト初期はお互いアイデア出しの応酬となり、毎回が刺激的な打ち合わせでした。tupera tuperaはその作風と同じく、とても柔軟に状況を受け入れた上でさらなるアイデアを乗せた球を投げてきます。そんなやりとりから「回転する三角柱」により空間的にも時間的にも動きを起こすという初期のアイデアが生まれ、そこに「動物の家具」や「子どもたちのための小屋」といった楽しいアイデアが、丸・三角・四角〇・△・□という単純なカタチで構成していくというルールのもと徐々に統合されていきました。

試作を繰り返し、アイデアが足される

アイデアの実現に向けては、市の担当職員の方々にもどんどん案を出していただきました。日々案が変わり流

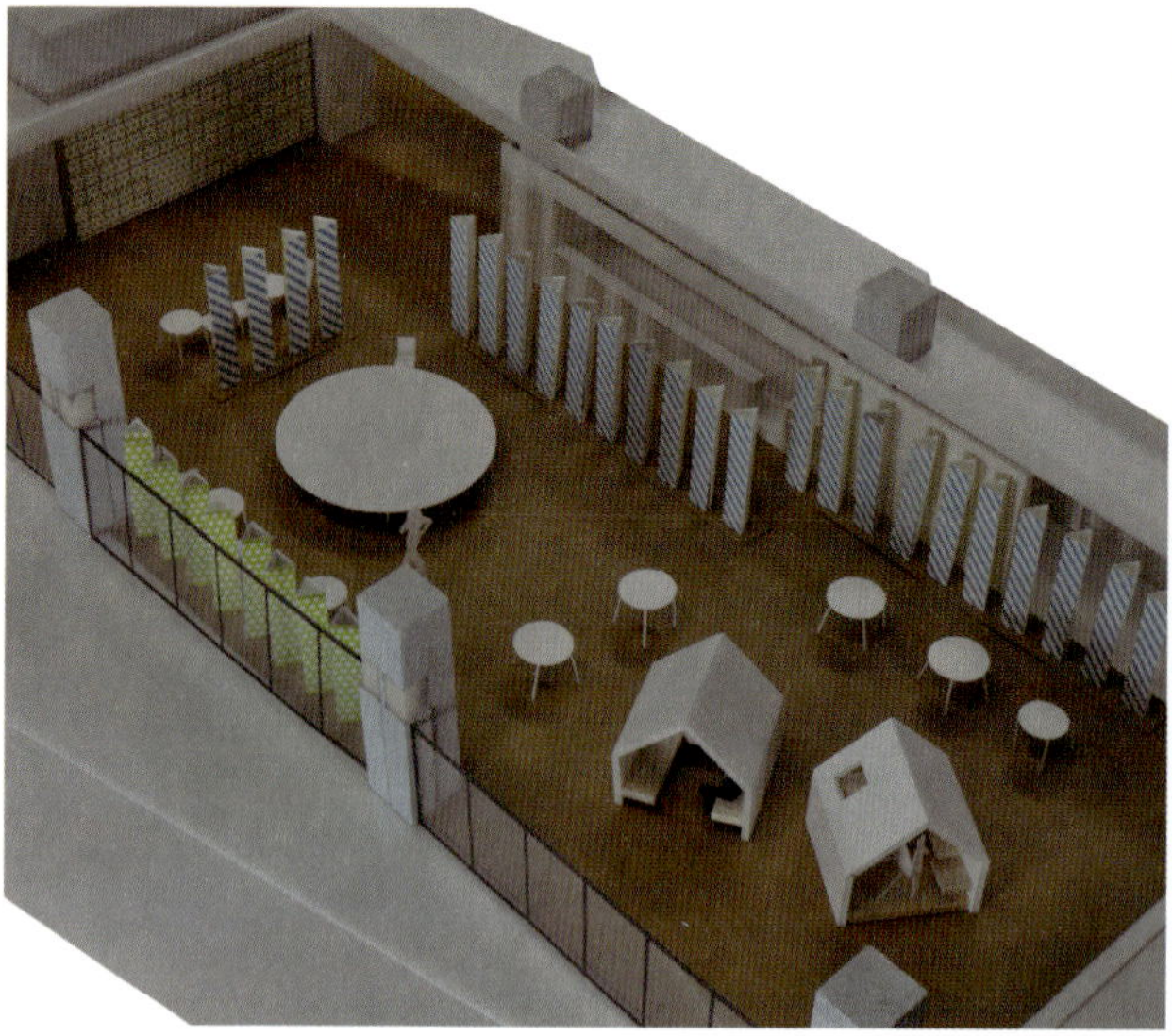

左／デザイン検討中の模型。三角柱の初期模型が置かれて　右／〈カタチの森〉で使われる家具を原寸検討（写真は絵本用のスタンド）

動的ななか、香山壽夫建築研究所には進行中の工事現場との調整をはじめ、突然プロジェクトに参加した私たちを多岐にわたりサポートしていただきました。家具や三角柱は試作を何度も繰り返し、施工・製作に携わる多くの方々のアイデアが足されていきました。ある一人から生まれたアイデアが、また別の誰かによって実現に近づいたり少し違うアイデアに上書きされる、その連続によって、どこまでが誰のアイデアであるとは言いがたいボーダレスでエキサイティングな状況が生まれ、最後までその空気は続いているように感じます。

今、この原稿を書いている時点で私たちはまだすべての家具や什器が設置された状態を目にしていません。しかし、プレオープンのワークショップの様子や意見交換会での熱気を目にするにつけて、この空気はオープン後にも形を変えて続いていくのではないかという予感がしています。日々人々が訪れて親しみ、その参加や状況によって変化し続ける、そんな最初のコンセプトがここに出現するのではないかという期待に、私たちは今、ワクワクしています。（2016（平成28）年3月、久留米シティプラザ開館に寄せて）

Interview

tupera tupera

〈カタチの森〉の内装デザインをプロデュースしたアートユニット tupera tupera（亀山達矢&中川敦子）。「かおノート」「しろくまのパンツ」などの絵本で数々の賞を受賞し、各地で行っているワークショップでも大人気の2人が、この空間に込めた想い、デザインへのこだわりなどをうかがった。

——どのような経緯で〈カタチの森〉に関わることになったのでしょうか？

中川 以前、「座・高円寺」のオープニング時のイベントのひとつだったワークショップに人を介して参加して、佐藤信さんと出会いました。その後、演劇の仕事など、いろいろな経験をさせていただきました。今回、高宮さん（現館長）に、信さんから「賑わい交流施設」のデザインを tupera tupera がするといいんじゃないかという話があったと聞いています。

最初の段階では、公共の施設にある、いわゆる親子向けのキッズスペースのような空間ということだったのですが、「そういうものは世の中にたくさんある。何か普通じゃない空間をそこに用意したいんだ」という信さんの大きな提案があったんです。「ツペラツペラの面白い世界観がそこにあるというだけでいいよ」というようなことを言ってくれたんです。それから、高宮さんや久留米シティプラザのみなさんと打ち合わせを重ねて、内容を詰めていきました。

——カフェスペースでもある〈カタチの森〉の空間に込めた想いとは？

中川 ただの親子スペースにはしたくないという想いがありました。おじいちゃん・おばあちゃんから中・高生、OLさんまで、いろんな人が使える場所にしたい、というのがひとつ。それと、夜までオープンするので、昼間は親子が多いかもしれないけど、夜は大人がお酒も飲めるような空間になるといいねえ、みたいな話もしました。ちょっと変化をもてる空間にしたいと思い、最初は、実現不可能であっても、いろんなアイデアを出しました。地面が積木のブロックみたいになっていて、絵柄を

○・△・□のカタチを組み合わせて動物や植物を描いたtupera tuperaオリジナルデザインの絵柄。〈カタチの森〉の随所に配された三角柱にさまざまなパターンで展開し、楽しい雰囲気に

全部ひっくり返せるとか。

亀山 それを積木みたいに積んで、いろいろ空間を変えられたり、とかね。いろんな人が、そこで何かをできる場をつくりたかったんです。ミュージシャンが歌ったり、ワークショップをやったり、お茶会だったり、いろいろなシチュエーションで雰囲気を変えられるようにしたかったんですね。まあ、無茶苦茶なことばっかり言ってました（笑）。

中川 とにかく意見交換をしました。私たちのほうはイメージが担当なので、どういう空間にするか、空間自体のテーマなどを詰めていきました。最後まで悩んだのが、最初に信さんが言ってくださったtupera tuperaの世界観を出すことと、一方では子どもから男女関係なく幅広い人が使いやすい空間にしたい、という2つがなかなか両立しなかったことです。例えば動物テーブルに抵抗のある人や、子どものスペースだと感じて通りすぎてしまう人がいるとか、違うアーティストが来たときに、あまりにも私たちの色が濃いと使いにくいんじゃないか、とか。結構行ったり来たりの思考が続きました。どんどん引いてしまうと普通の空間になってきちゃって、無難なほうへ行ってしまいます。

亀山 そうすると信さんが「面白くない。徹底的にやったほうがいいよぉ」と言ってくれて。

中川 私たちのワークショップや絵本もそうですが、子どもたちの世界観だけでつくっているわけではない。いろんな層の人に向けているので、そこにさらに意識を置きました。私たちの色は出しつつも、大人っぽくきちんとデザインされている空間に見えるように。絵本もワークショップも、実際は大人もすごく楽しんでいるんです。楽しいということは子どものためだけのものでは全然ないですからね。

――デザインでこだわったのはどういった点だったのでしょうか？

中川 みなさんで何回も検討して、最終的なものに辿り着くまでに時間はかかりましたが、この空間のテーマを森にして、三角柱を使う案に行き着いたんです。三角柱が回転をすることで、面を揃えれば木が並んで見えたり、賑やかな絵に変わったりします。

亀山 とにかく、場面を変えられる方法を探していたんです。

中川 今回、○・△・□のカタチを基本にしたのは、ひとつには、ある程度シャープな絵柄のほうがまとまりが出て、大人にとっても印象が甘くなりすぎないということ。もうひとつは、最初は関わる人たちが想いを共有していても、人が入れ替っていくと結構乱れてくる。そこに◯・△・□というルールがあれば、例えば食器を選んだり掛け時計を追加するとなったときも、これらの形から選ぶことで統一感が出てくるということも考えました。

それから、円形でグリーンの芝生のようなところを設けて、池に見立てた水色の大きなちゃぶ台が入って、遊べる小屋や絵本のBOXがあったりする。その周辺が親子向けのスペースで、動物テーブルがランダムに置かれる。森の中にいる動物たちがウロウロしているというイメージです。脇のほうは1人でも2人でも利用できるようなシンプルなテーブルとイスを置こう、と。

亀山 おじいちゃんとかが動物テーブルでお茶してたりすると、通りかかった人がほほ笑ましい気持ちになる。普通のテーブルだったらそういうことはないんだけれど、周りの人が面白いと思って笑うといい笑顔が見えるかな、と。

中川 私たちの普段の仕事は平面が多く、「この壁にtupera tuperaさんの絵がほしいです」とか、空間の一部に私たちの何かがほしいみたいなことだと、すぐにパッとイメージがついて思い切ってそこだけに絞って表現できるんですが、今回は、空間全体。空間すべてに対してディレクションしていくのは初めての作業だったので、いろいろ試行錯誤しました。

この三角柱は中の機構も含めて完

上／森の中にいるいろいろな動物がモデルになった動物テーブル
下／棚とベンチもオリジナルデザイン

全オリジナルなもので、動物のテーブルもオリジナル。これだけの数が入っているのもなかなかないと思うんです。どこにもない空間ができ上がったんじゃないかと思います。

――カワグチテイさんなど、異分野の方との協働は、いかがでしたか？

中川 カワグチテイさんは、普段はシンプルな空間をつくるのを得意とされていると思いますから、私たちと組んでこういう空間をつくるのはすごい挑戦だったと思います。他にも、家具の制作など、たくさんの人が関わって、皆さん頑張ってくださいました。大分チーム感が出てきて楽しくなったところで、そろそろ終わりというのが逆に寂しいくらいでした。

この空間が、これからどのように使われていくのか、楽しみです。

商店街に面し、誰もが休憩などで気軽に立ち寄れる〈カタチの森〉。カフェ機能を備えて、子どもから大人まで、楽しみながらくつろげる空間に仕上がった

八畳三間連続の構成

細部へのこだわり

和室〈長盛〉のデザイン

文：河合俊和
内装設計協力：一級建築士事務所
河合俊和建築設計事務所

和室の多様性とその構成

公共建築の多くに和室が設けられます。それは、災害時の緊急利用も含めてさまざまな利用を考えてのことであろうと推察されます。しかし、平常時のどのようなものにでも対応できるという設計時の曖昧さが、特別な利用を除いて何も使えないという結果を招いているのが現実です。大宴会場のようなスケールオーバーした大きな和室等はその典型と言えます。本計画において特筆すべきは、「正式な茶会を開くことができる広間茶室」という主題をもちながら、かつ他の用途においても多様性ある和室であるということです。公共的な利用を前提とすることから、茶室という機能のみならず、華道・茶道の教室や小会議やセミナーなどの利用、その他さまざまな機能も満たすことは必須条件です。計画の詳細を決定する過程のなかで、茶道・華道に関しての部分は、久留米連合文化会との話し合いを重ね、また他の利用形態に関しても行政と話し合いを重ね、和室スペースの空間利用の有効性を探りました。

八畳三間連続の構成は、さまざまな和室の利用形態の可能性を考慮した結果です。各室には炉が切られ、茶道の教室にも使うことができ、また一部屋毎の小会議等の利用もでき、かつ二部屋使い、三部屋全室の利用と幅をもち合わせます。また、襖と障子を取り外すと三十畳の大きな広間へと変化することにより大茶会を開くことも可能とします。また主室の三方に廊下を配することにより各室へのアプローチを可能にすると同時に、茶会等の場合、客動線と運営側との分離を可能にしています。正式な水屋、そして水屋納戸を有し、茶会のみならず教室での練習にも役立つことと考えます。準備室を併設し、小会議等の給湯に利用可能です。客動線の廊下には、茶会時の足袋の履き替えスペースを有し、茶室動線を担います。空間的にも奥まった廊下に小さな広がりをもたせることで、動線の閉塞感を軽減させる効果とともに抑揚

畳敷きの廊下

襖と障子を取り外した状態

水屋と納戸、準備室の台所

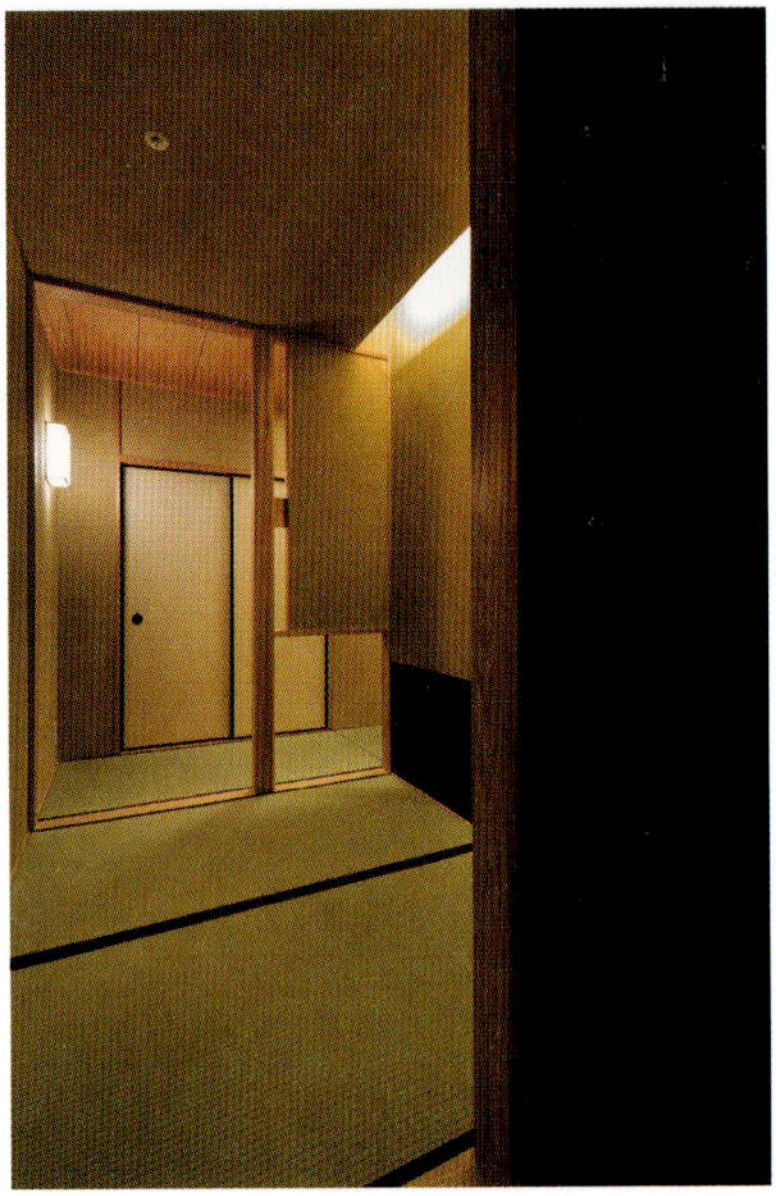

廊下に続く茶会時の足袋の履き替えスペース

をもたせることが可能です。そこには客用のクローゼットが併設します。外部には略式ではありますが、露地庭があります。待合い、枝折り戸を設け外露地・内露地を形つくっています。本来自然との関わり合いを重んじるわけですが、維持管理のこと、また4階に位置するこの場での在り方を考え、素材の選定および使い方など伝統的な露地庭の在り方から一歩前にという認識です。現代的材料の利用等、時代の表現と認識いただけたら幸いです。

和室意匠の主題

その空間は簡潔で虚飾無く、端正で静かであることを求めました。また、固有の歴史をもつ久留米という土地で、ここでしかできないことをすることです。自然素材を扱う仕事は地域性が重要です。この計画においては、楠、霧島杉、八女杉、クリ、桜などを選木しています。九州はケヤキが有名ですが、茶室には木肌が華やかなので用いません。柱、鴨居、敷居には吉野の赤杉を用いています。それは地域性を超えてこの茶席にふさわしい良材と考えたからです。靴脱ぎ石や飛石、延べ段には久留米の耳納石、熊本の鹿北石。敷き砂利には福岡・佐賀県境辺りで取れる錆び砂利を用いました。ホール側壁面に

内露地。枝折り戸や蹲を設えて。奥は外露地

は城島瓦を棒状に焼成したものを用いました。和室導入口の重要な役割です。和室玄関には大川組子の緻密な仕事を配しています。これらはそれぞれの場所でそれぞれの仕事をしてくれます。私の仕事は八分。二分は、和室を使う人々によって、またそれぞれの素材のもつ豊かさと調和が、私には想像もつかない「見えない形」を時間の経過とともにつくり上げてくれると。

古来より万物は「木・火・水・金・土」の五つの元素から成るという自然哲学があります。それらは相生と相剋、互いに生かし合い、互いに剋するという考え方です。

茶室の炉はこの五行の考え方によってつくられています。炉壇は本来黄土によって塗られ、五行では黄色は中心また天（宇宙）を示します。大地の存在すべてに加えて宇宙観をも小さな炉に集約させ、それを介して人と人の結びつきをつくるという素晴らしい先人の知恵と言えます。

五行はまた方位・色彩・素材などを定めます。この計画においても先人の知恵に習い、各方位に色を配して素材を選定しました。東には青。玄関の靴脱ぎ石に耳納の青、縹色の美しい石です。西には白。露地庭に白漆喰の低い塀と白椿。南には赤。吉野の赤杉、地板に桜の紅。北に

柱、鴨居、敷居には吉野の赤杉を使用

棒状に焼成した城島瓦

外露地の延段と飛び石と砂利

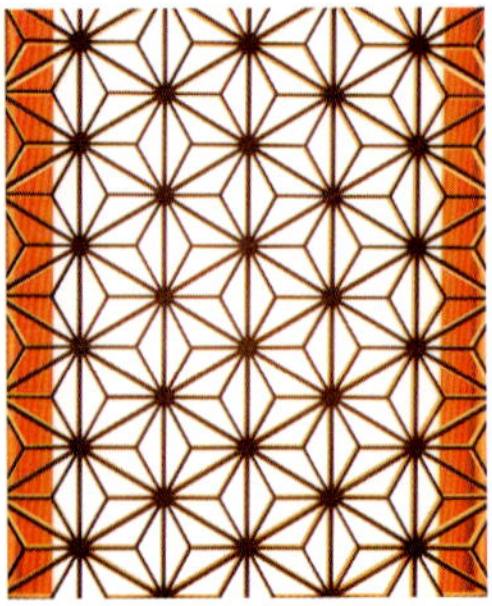
大川組子

黒漆喰の廊下

和室の入り口。扁額には命名者である有馬頼底猊下による「長盛」の文字

左／玄関の靴脱ぎ石には耳納石を
右／炉（炭・電気併用）

黒。黒漆喰の廊下。そして中央には黄。炉（炉壇の黄土壁）を見立てています。これらのことは、自然と人間との関わり合いを尊ぶ先人の知恵に学び伝承するという、この茶室の意匠を考える上での私自身の姿勢です。

庭をつくる職人が、留め石を探してきてくれました。人目にそれほど触れることがないものですが、茶庭には大切なものです。まん丸の美しい筑後川の川石です。一人の職人がこの建築をわかっていてくれたことに私はうれしく思いました。建築と人の一期一会。そんな心がこの建築にはたくさんあります。

これから時間をかけて利用していただく人によって育てられていくことでしょう。この和室は、有馬頼底猊下により〈長盛〉と名づけられました。

久留米の人々が文化・芸術を尊ぶ歴史の流れを伝承してきたように、この和室が茶の湯を通してその本質と豊かさを後世に伝えられんことを、そして名前の通り長く盛えることを望んで止みません。

筑後川の川石を留め石に

色とりどりの植物で構成された外構により、緑豊かな外部空間になった〈六ツ門テラス〉（敷地の北西に位置）

細部へのこだわり

緑のデザイン

文：山﨑誠子
外構植栽アドバイス：GAヤマザキ

久留米はクルメツツジ！

久留米シティプラザと関わるきっかけは、久留米市で2012（平成24）年10月に緑によるまちづくりについて講演したことだと思います。市民の皆さんや市役所の方々に、熱心に聴いていただいたことを覚えています。講演では、サクラの花だけでなく、各地でアジサイや、バラ、コスモス、ナノハナ等、花を主体としたイベントを行い、集客効果が上がっていること、一年中、花盛りにしなくても、1種類でもインパクトがあれば集客効果があること、埼玉県の高麗のヒガンバナで町おこしがあったことなどをお話ししたかと思います。

久留米を初めて訪れたときに、駅を出てすぐに待ち受けていたのが、街路樹のアベリアでした。日本全国の街路樹に使われている樹木で、手入れが楽で、大気汚染、乾燥に強く、丈夫な性質です。しかし、久留米といえば、植物仲間では「クルメツツジ」。東京の公園や街路樹にごく普通に使われている樹木です。なので、久留米であるから街路樹も、何かとクルメツツジだと思っていた私のイメージをいきなり壊しました。市の方にうかがうと、植物園や農業試験場には珍しいもの、クルメツツジだけでなくクルメツバキもあると言われましたが、私がざっとまちを見たところ、クルメツツジは目につくところで大規模に利用されていない状態でした。なぜ地域の名前が入った植物をもっと目立つところに使わないのか非常に不思議でした。市の方の話によると、丈夫さに問題があって街路樹等に使うとなかなか育たないそうですが、サクラやバラより手入れは楽なのに、もっと簡単なもので済まそうと思っていたのかと、残念に思ったのが最初でした。ぜひ、クルメツツジ、全面押しの久留米市になってほしい！　それこそ全国に発信できるツールだとお会いした市の方々に話したような気がします。

屋上庭園。クルメツツジを随所に植えた

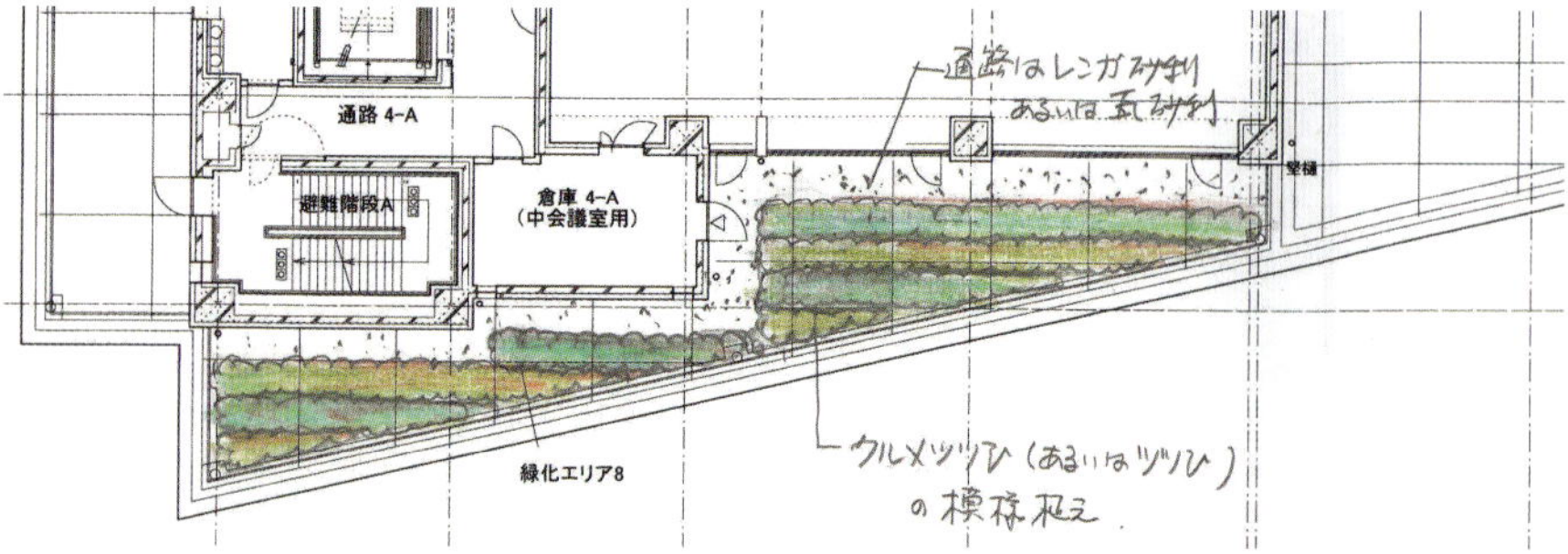

初期のスケッチ。クルメツツジを使うことを提案

クルメツバキがアクセントに

色の違うクルメツツジを使い分けて（模様植え）彩りの豊かな植栽に

ツツジとツバキに洋風なイメージをつけるコニファー類

シティプラザでは、市の名前のついた「クルメツツジ」「クルメツバキ」を全面的に使っていくというのが、私と市の担当の方の一致した意見でした。しかし、今回の建物の外壁がレンガ調で、そのままツツジやツバキといった日本的なものを入れた場合、明治の頃の庭になってしまいそうです。そこで、市の担当の方がチョイスしたのが、常緑針葉樹のコニファーでした。一年中しっかりとした緑をつくることができ、手入れが楽なのも管理の面からも魅力的です。洋風でありながら濃い葉色のツツジやツバキにも違和感がありません。この考えを基本に屋上庭園はつくられています。

〈六ツ門テラス〉は地域の歴史を継承

北西に位置する広場〈六ツ門テラス〉は、周辺にあまり緑がないことから、ちょっとした森のような空間をつくるようにしています。中心にあるのがシンボルツリーのセンペルセコイアです。これはもともと旧六ツ門広場にセンペルセコイアがあったことから、地域に馴染みのあるものでシンボルツリーとしました。

屋上の随所が緑化されている。コニファーを組み合わせて洋風のテイストも加えている

シンボルツリーとしてセンペルセコイアを〈六ツ門テラス〉の中心に植えた

アーケード街側の植栽。明るく華やかな雰囲気に

建物の庭園でなく、庭園がついている建物へ

このように、地上部から屋上まで緑化をしたのは、劇場で公演がないときでも皆さんにシティプラザに来てもらうきっかけをつくりたかったからです。公園のようにシティプラザが利用できるよう、できるところは全部緑化したといっても過言ではありません。クルメツツジの季節にどんどんプラザにおしかけてほしいなと思っています。

明治通りに面する1階の商業店舗（飲食店、コンビニエンスストア）

細部へのこだわり

商業空間のデザイン

文：若松浩文
商業施設アドバイス：株式会社ランド

限られた条件のなかで最適の結果を導く

久留米市は、人口約30万人、商業においては、筑後地方や佐賀県東部を含む広域商圏50万人の中核都市です。そのなかでも西鉄久留米駅から六ツ門までの約800mのアーケード街とその周辺には、多くの商業店舗が集積し、久留米広域商圏の拠点として機能していました。しかし、近年クルマ社会の進展と郊外への市街地の拡大を背景に、郊外大型店の進出が相次いだ結果、拠点地区のダイエー六ツ門店および久留米井筒屋の閉店などにより、広域商圏内での求心性が著しく低下して空き店舗率が増し、市街地の空洞化が急速に進行していました。

その地区の活性化の拠点となるべく計画された久留米シティプラザの商業施設開発に関わる仕事で、２０１２（平成24）年に初めて久留米のまちを訪れました。まず、案内していただいた施設は「ゆめタウン」。地方都市における大型商業施設の典型的な姿で、高速道路のインターチェンジに近く、ファッション性、商品の品数、バリエーションの豊かさ、大駐車場をもつ利便性の高い、ワンストップ型の優れた施設構成でした。この施設と競争するのは大変なことだろうなという印象を得た後に、計画地である久留米井筒屋跡地と旧六角堂広場を中心に商店街を見て回りました。商業集積地としては、すでに機能不全を起こしている場というイメージを強く得た半面、そこかしこに良くできた文化性あふれる商店が見られ、昔は活気あふれる良いまちだったのだろうなとの想像を掻き立てる商店街でした。

仕事のスタートは、計画地の市を含む地権者の方々との合意形成でした。地権者の方々それぞれが、まちへの想いとシティプラザへの期待を語られていました。しかし、建築構成がほぼ決まっている段階において、商業構成の現実性と地権者の方々の商店街への強く熱い想いの間には、大きな隔たりが存在し、かなり狭められた商空間条件のなかで、最適な結果を導き出さなければならないことが私に与えられた大きな課題でした。

文化を基軸にした商業拠点、さわやかさを感じる商空間へ

商業計画は、仮説と検証作業の積み重ねが重要です。いくらイメージが良くても売れなければ何にもなりませんし、事業成立条件は消費単価と回転数、営業時間等の条件設定で明確に導き出されてしまいます。マーケット規模が急速に拡大する期待があるわけではないため、事業目標を数値的に表現し、建築計画における商業空間の見える化を通じ、地権者の方々との度重なる議論をさせていただき、徐々にデザインを具体化していきました。

商業計画上の仮説は、いくつか立てて検証してみました。ひとつは、大型店（久留米井筒屋）への依存度が高い構造であった商店街への集客力が、このシティプラザの文化性やイベント性による新たな集客力にて代替機能となりうるのではないかということです。よくある地方都市の大型文化施設と違い、さまざまな人々が通う機能や仕組みが内包されている施設であることが、運用プログラムを検討されている方々の様子から感じられたことに起因しています。２つ目はマンションの開発などにより、徐々に増している新たな周辺住民と住民全体としての高

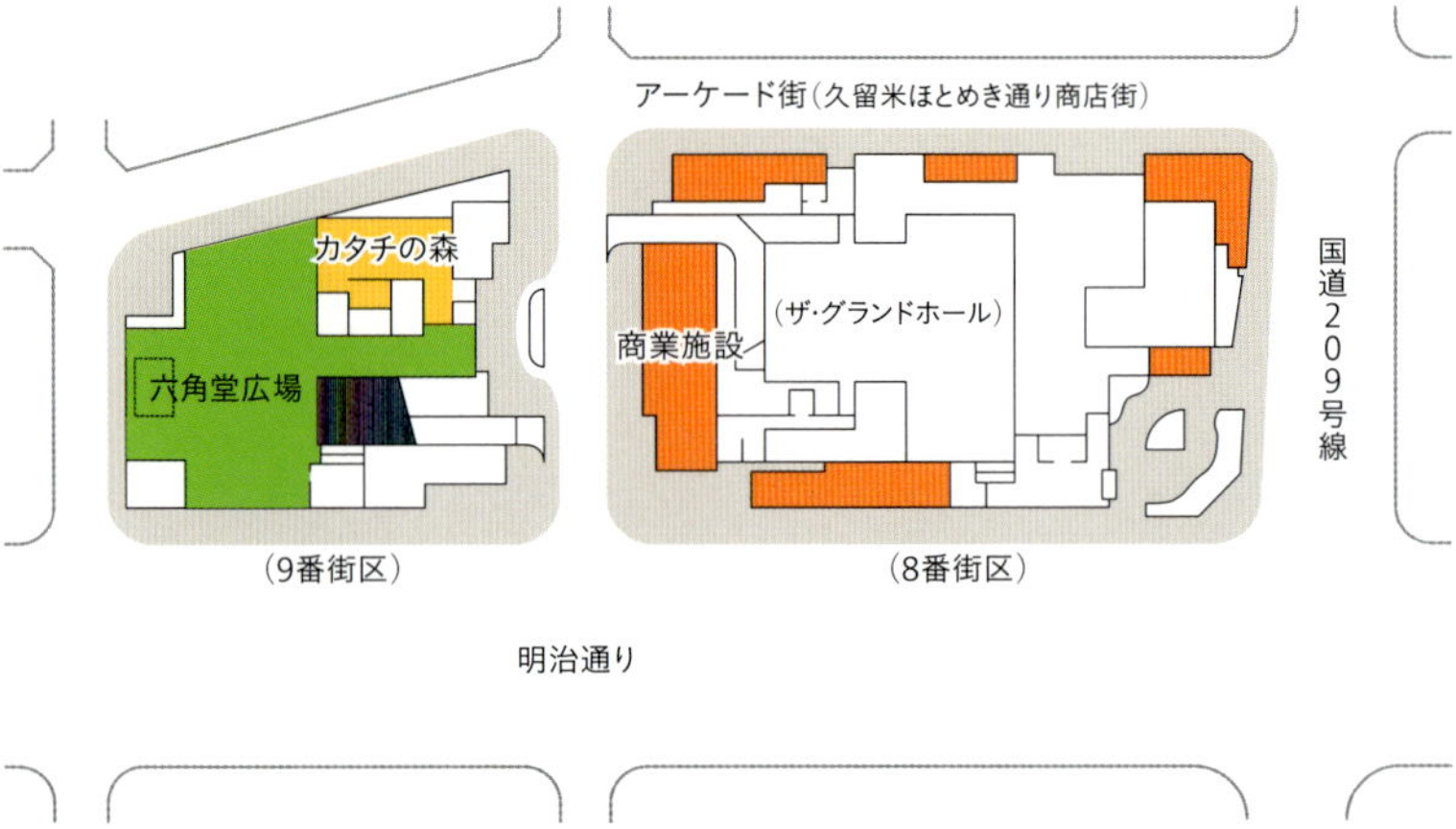

8番街区1階に商業店舗（テナント）を配置

齢化が、街の商業の構造変化を生み出す可能性があること。中心市街地ですが、医療サービス等の都市機能の優れている特性が、高齢者を含む都市内の住民が車を使わずに徒歩での散策や日常買回り品への行動を促す要素になるのではないかということ。3つ目は、郊外型の大型店やロードサイド型店の発展は、中心市街地の商業を衰退させる要因でもありますが、幹線道路沿いである計画地は、その強いロードサイド型店舗の強みをも発揮できる特性をもつ立地ではないかということ。4つ目は都市の魅力とは、繁華街の飲食物販に対する購買力だけではなく、人と人とを結びつけ、情報を受け取ることができる等の機能が、人々を引きつける大きな要因であることなどが挙げられます。具体的提案としては、新たに若い事業者のチャレンジを可能にする小割のインキュベーション型店舗構成や全天候型のイベントスペースの存在と商業デザインをマッチさせること、子どもの成長に寄与する商業、地産地消型の新鮮さや地域物産を特徴とする店舗の導入、ベーカリーカフェや惣菜店などのように、ただ売るのではなく加工しながら販売する手法の店舗を主に構成すべきではないか等の提案を続けながら議論をして、次第に店舗環境の計画へと移っていきました。

デザインとしては、日中でも薄暗さを感じていたアーケード商店街に緑と自然の光を感じさせ、公園通りでも歩くようなさわやかさを感じてもらえる街並みが生まれれば良いのではないか、という思いで多くの人々との議論の末に整理していきましたが、最終的には地権者の方々すべてがこの愛着ある地にとどまることができず、その点が今でも残念でなりません。しかし、新たなこのシティプラザが、商業の活性化の起爆剤となり、長きにわたり文化を基軸としたまちづくり機能を発揮し続け、商業拠点としても大きな力となっていくことを確信しています。

上／西側の入り口にあたる〈六ツ門テラス〉に面した店舗は、久留米発祥の洋菓子店
下／アーケード街側の街並み。以前より商店街が明るくなった

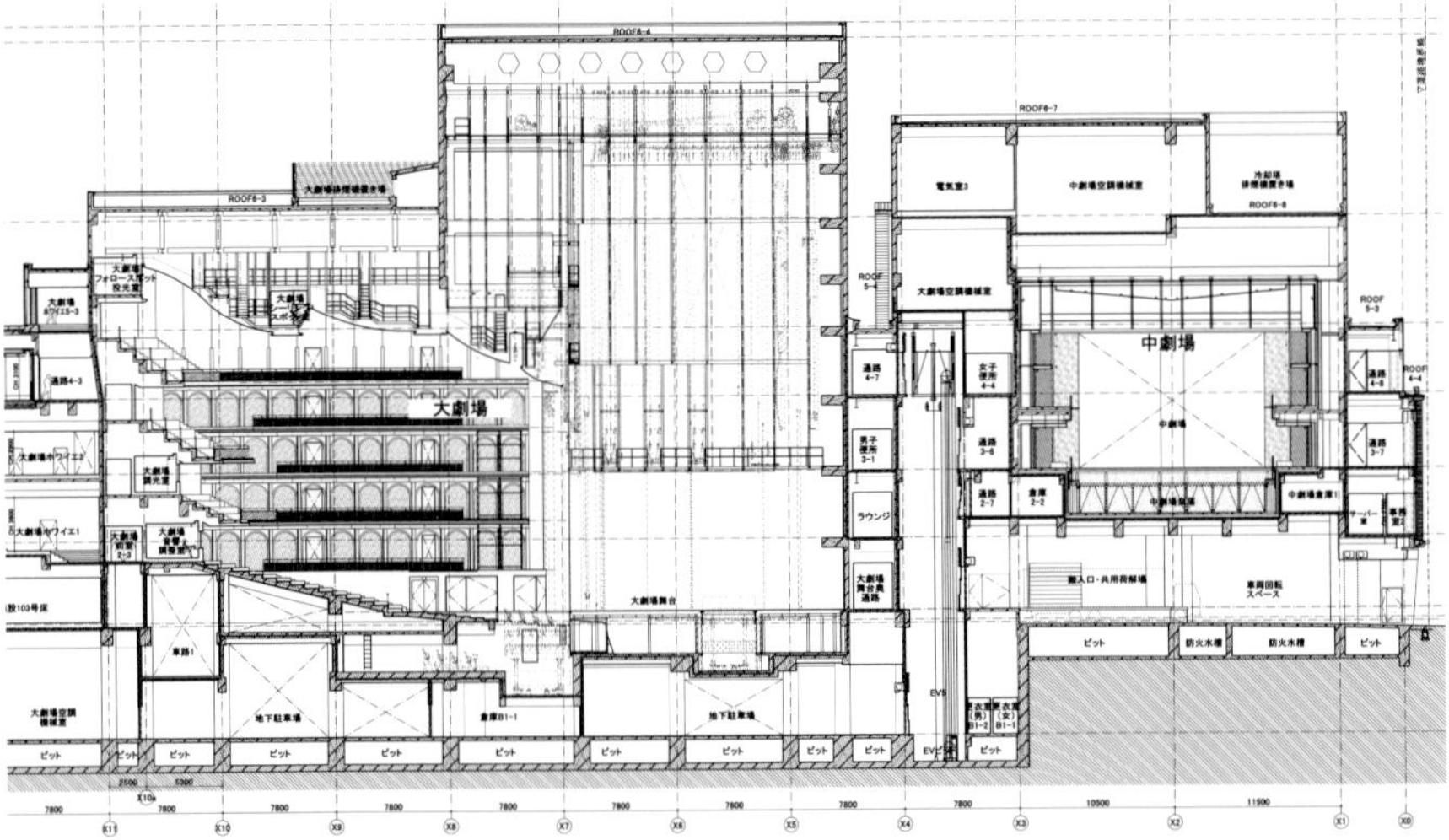

ホール断面図

舞台設備へのこだわり

専門アドバイザーによる検討と選定

大中小3つのホールと広場を備えた久留米シティプラザ。プロフェッショナルからアマチュアまで、クラシックコンサートを含む音楽ライブ、演劇、ミュージカル、バレエ、能や狂言などの伝統芸能、さらには各種講演会や市民の活動発表などが各ホールの特徴に合わせて繰り広げられる。そのような舞台上のパフォーマンスを最大限サポートしながら作品がもつクオリティを支え、作品や演者・奏者のエネルギーが観客に伝わり感動を与え、また来たいと思う施設になるかどうかは、やはりそのホールの舞台設備の充実度に関係してくる。

久留米シティプラザでは、ホール施設の品質を決定づける舞台設備は、久留米市参与であり芸術顧問を務める佐藤信氏のアドバイスを受けて計画されていった。なかでも、舞台機構、照明、音響については、各分野のトップレベルにある人材を専門アドバイザーとして招聘し、各ホールに合わせて計画からシステムと機器の選定までが行われた。

専門アドバイザーの任を担ったのは、舞台機構では舞台監督の菅原多敢弘氏、照明では舞台照明家の服部基氏、音響では舞台音響家の渡邉邦男氏である。国内トップレベルの実績と経験をもち、各分野で活躍中の各氏により、現在の最新機器だけでなく、今後の動向や久留米という地域特性も踏まえた検討と決定が行われたのである。

難しい調整を経て、グレードの高い設備に

そもそも舞台の設備とは、〈Cボックス〉のような小空間であっても、家庭用とは全く違う高い水準の機能性が要求される。小空間には小空間特有のいくつもの条件をクリアしながら、その要求に応える必要があり、その意味では〈ザ・グランドホール〉のような大空間と同じように、小ホールでも高い専門性が必要となる。その点においても、専門アドバイザーの参加によって3つのホールすべてが高い水準へとつながったと言える。

その一方で、最適な設備を整備していくには、当然、難しい調整などの苦労もあった。

「お三方には、各々の分野の専門家として、最高最適の機器を選定してもらったのですが、最後に他の諸要件などから、全体として億単位での見直しを行う必要が出てきました。これは、事業全体のバランス、費用対効果等を考え、行わなくてはいけないのですが、それには、お三方のプラン方針を理解する一方で、ホールの現場、実務も踏まえて行われる必要がありました。その作業にあたっては、現場における創造活動を通じた長年の信頼関係がなくては難しく、今回、専門機器選定において自分の果たした役割は、ベストのアドバイザーにお願いできた点と、その最後の調整を行えた点であると思います」と佐藤氏は語る。

そして、実際の機器の供給・施工をした協力事業者もその意図を汲んで努力した結果、「大変良い機材が導入され、ハードとしてはグレードが上がったと思います。もちろん、これを使いこなしていくのは、これからの課題です」と、佐藤氏。

次頁からは、専門アドバイザー各氏の取り組みに焦点をあて、久留米シティプラザの舞台、照明、音響に込めたコンセプトや想いについて紹介する。また、舞台設備の運用については、次節で記述する。

Closeup 舞台

それぞれに特徴をもつホールに、十分な舞台機構ができたと思います

談：久留米シティプラザ舞台アドバイザー
菅原多敢弘（舞台監督）

大中小3つのホールをもつ劇場

最初に佐藤信さんから久留米シティプラザについてお話があったときに、舞台が大中小3つあって、それぞれプラス広場があると聞いて、びっくりしました。他の所でも、大中や、大小というつくり方はあるけれど、大中小3つのホールをもつ劇場は、僕が知っている限りなかなか少ない。〈新国立劇場〉は当然そうですけれども、あとは神戸の〈兵庫県立芸術文化センター〉とか。

最初に図面を見せていただいた時点で、設計図面はもうできていて、本当はこちらとしては要望したいことがあるんだけれど、すでにできない状況にあるということが結構あるんです。今回、舞台機構についてはこれからという段階だったので話ができましたけれども、機構のことというよりも、舞台の使いやすさの面で、もう少し奥行きがあればいいとか、こうしておいてくれればというジレンマみたいなことがありました。しかしそこは、頭を切り替えて取り組みました。

大ホールの〈ザ・グランドホール〉は、何せいろんなイベントをするために、いろんな条件を可能にしないといけない。オペラ、バレエをするためには大きなピットもつくらないとダメです。それとは別に、九州のほうで盛んな日舞に対応できる舞台設備も佐藤信さんとしては当然入れたい。でも、今の日本の新しい劇場のなかでは日舞的な要素をしっかり入れる所はすごく少ないんです。昔は花道のある劇場があったんですけれど。今回は、花道は常設しないという設定でつくられています。その他にクラシックコンサートをするためには、反響板が必要です。特に反響板が大変なところで、コンサートをするためにはどうしても必要なものなのですが、これを入れるためにはものすごく制約がかかってきます。〈新国立劇場〉ができて約20年近くになりますが、その頃から舞台技術がトップレベルのものになってきて、それプラス今までの規制では対応できないところがいっぱい見えてきた。それを少しでもいいものに改善していきたかったので、四苦八苦したり、いろんな所を見に行って勉強をしました。

このホールの舞台機構は問題のない、十分なものができたと思います。もちろん僕は必要十分な条件をすべてクリアした完璧なものができたとは思っていません。それをやろうと思うと、ものすごい敷地やお金の問題がありますから。けれども、20年後30年後でも、クレームが出ることがないようなものにはつくられているつもりでいます。

中ホールの〈久留米座〉については、佐藤信さんのコンセプトは、舞台を額縁のように区切って見せるプロセニアム・アーチのない開放的な劇場です。芝居が

舞台に反響板が降りた状態の〈ザ・グランドホール〉

中心になったり、室内オペラ的なものや日舞もできるものにしていきたい、と。そのためにはガチッとした形のプロセニアム・アーチをつくるのではなく、「自由な感覚で」となりました。ただし、舞台中（なか）に関しては、お芝居もいろんな装置などが入るので、十分な機構を取り入れたい。迫りなど可動式のものをあちこちにつくるのではなく、吊り物バトンを十分に入れて、自由に吊れるような、そういうことができるものにしたい、と。

上／〈久留米座〉の舞台上部。吊り物バトンが基本に　下／プロセニアム・アーチのない開放的な〈久留米座〉の舞台

小ホールの〈Cボックス〉は、一般市民やいろんな団体のサークル活動的なことでもできるような場にしたく、〈久留米座〉とはまた別の形の自由なスタイルにしたい、というのが佐藤信さんの考えでした。好きに使えるスペースにしておくのが一番いい。広場と同じ感覚です。市民がダンスパフォーマンスをしたり、映画観賞会をしたり、さまざまな発表の場にできる、そういうオープンな多目的の使い方をするホールは、いろんな物を入れないほうが、逆に僕はいいなと思いました。

そして、〈六角堂広場〉。やはり大中小のホールがあるなかで、さらに広場があるのは、すごく贅沢だと思います。で、このすごいものを維持していくのは、また大変なことだとも僕は思うんですね。ですから、屋外の難しさをあまりいろいろ考えずに、一般的にいろんなことが簡単にできるものにするのがいいと考えました。オープンな所にたくさんの人が集まる場所だから、事故があったらダメだと思って、これは単純なものにしましょう、と提案しました。

大勢の人が集まってイベントができる〈六角堂広場〉

専門的な検討を積み重ねていく想像以上の作業

　今回の仕事に携わったのは、大体3年間くらいで、建設会社との打ち合わせもかなりの回数をしましたね。今の一般的な近代的な劇場が備えているものに劣らない機構をどれだけ入れて、それプラス自分が気づいたところを出していくかということをいろいろと提案しました。やりはじめたら、もっとリサーチして勉強しないとダメだな、ということがすごくあったので、最初は結構大変でした。

　単純に言えば、舞台機構の吊り物バトンなんかは、施工会社もある程度わかっているので「何百キロまで吊れることにしてくれ」と言えばそれで終わりなんですよね。でも、舞台のことは、全部おまかせにはできないんです。だから、ず〜っと現場に関わっていないとならない。

　例えばオーケストラ・ピットは、建築のほうは上げ下げ（昇降）できて、50人の編成が入る必要な広さだけをつくる。確かに面積だけを見て人数で割れば編成が入ることになるのですが、ピットというのは、お客さんに対する音の聴こえ方を含めて、ここにいる人（演奏者）が向こうにいる人の音を聴けないと意味がない。だから、延べ面積の問題ではないんです。円形型の中にいる人は音を聴きやすいかもしれないけれど、オーケストラをすごく並べづらく、スペースが広いようで広くないということもあります。

　その他に、プロンプターボックスもただ穴があって人が入ればいいものではなく、「これくらいの広さが必要なんだよ」と説明したり、舞台と客席との高さの検討や、客席との関係でオーケストラ・ピットのフェンスをあまり高くすると音がお客さんのほうに聴こえなくなるとか、指揮者が聴こえないとか、迫りなんかも必要ないという人もいましたけれど、つくっておくことで合唱の台としても使えるし、下に備品を運び入れるのにも大きなものがあったほうがいいだとか、舞台の機構をコントロールする操作盤も、他の劇場を見に行ったりして検討したり、話し出したらキリがないくらいにいろいろありました。

　普段の仕事のときから扱いやすい劇場というのは印象に残ります。舞台監督という仕事をしているので、実際に最初から仕込みをして、稽古をして、本番をやっていくときに、いろんな不備が見えてきます。何十年も経験していると頭のなかに入っているので、それをベースに「今度手がける所はこういうふうにしてほしいな」と思っていたことなどを提案しました。

機構だけというより、機構＋条件的なことを確認することも僕らの立場では重要で、すごくいい経験になったと思います。

そもそも、佐藤信さんが僕を推薦してくれたのは、オペラ・バレエ・クラシックを主に手がけているので、特殊な専門的なことを僕がわかっているだろうと思ってのことだと思うんです。アドバイザーとは、言葉だけで「これはいいですよ。これはだめですよ」と言うだけでいいのかなと思っていたら、図面も見て、いろんなことを聞きながらやっていくという、ちょっと想像以上のことでした。でも、久留米シティプラザに関わるようになったおかげで、以前はそんなに写真は撮らなかったけれど、いろんな劇場の、必要な箇所の写真を撮って、打ち合わせで見せて「ココはいいけれど、ココの部分は良くないよ」など、説明しました。

観る人を育てる劇場へ

久留米市にお願いしたいのは、このような劇場では、無料はムリかもしれないけれど、低料金で市民の方々が小さいときからいろいろ観に来て、舞台に興味をもてるようなものを企画してほしいということです。小学校1〜2年生でも観られるような作品で、イヤだったらホールから出ていってもいいという企画の立て方で、オペラやバレエ、芝居をやってみましょうとか。子どもたちが興味をもつものを一番やってほしいかな。

音楽についても、僕らも中学とか高校のときに音楽鑑賞会をホールに行って聴いたり観たりしたけれど、ある年令になってみて感激するものもあれば、その年令になったらもう興味をもたない可能性があるものもすごくあるんですよね。小さいときから接していたら、興味をもつ可能性がすごくあると思います。

ある劇場の総裁が「今こんなことやっている」といって見せてくれたものがありました。〈Cボックス〉の半分くらいのスペースに乳児くらいの小さい子と、そのお父さんとお母さんが来ていて、壁を背にして床に座っているのね。で、そこにオペラ歌手のちょっと変わった格好の人がいて、子どもは歌手が何をやっているのかわからなくて、なかには寝ている子、全く無視している子がいたり、騒いでいる子もいるけれど、興味のある子はその人の所に歩いて行ってピアノを弾いたり、踊ったり、一緒に遊んだりしていました。オペラに限らず、そういう催し物があると、お母さんとかが家だけで子どもを育てるよりも、そういう所に行ったほうが楽しいし、みんなで面倒を見られるからそのほうがいいと思います。子どももそういう催しに参加したり、見たりする素養ができてきて、大きくなったら舞台の仕事に就くだけじゃなく、舞台を観に行く世代になっていくわけですね。

そのような人たちが定着してくると、いろんなものを観て、いろんな要素を兼ね備えて、さまざまな活動をして、将来につなげていける。いろんな催しや企画をやって発信していかないと、人っていうのはやはり来ないですから。観る人も育てることをお願いしたいですね。（談）

Closeup 照明

フレキシブル対応がトレンドの劇場照明
作品のクオリティを、感動を与えるものにするために

談：久留米シティプラザ照明アドバイザー
服部　基（舞台照明家）

クオリティとトレンドのある劇場

僕は、これまでに劇場コンサルの仕事を30近くやっていますが、久留米との関わり方は特殊なものになりました。ゼロから関わるのではなく、佐藤信さんが〈世田谷パブリックシアター〉や〈座・高円寺〉で手がけたことをもう一歩踏み出した視点、つまりソフトとハードを兼ね備えた劇場から舞台の人間を育てていくというテーマに沿って、クオリティとトレンドがちゃんとあるかどうかのチェック機関として見るところからスタートしました。この劇場には信さんの思いがすべて出てくればいいと、僕は思いました。対応できることと、できないことの線引きの作業です。おそらくそういう方向だと思いました。

実際にチェックをすると、改善点が結構見つかりましたが、施設の理念や概念というところが入っていなかったので、中枢の部分は推測で動くというスタンスでした。今回の仕事は、考え方に賛同する信さんの頭のなかにあることの具現化なのです。

3つのホール、それぞれの特徴

劇場は、地域でつくられているということが非常に大事で、そこから発信することは全世界に発信しているということで、それに参加する人間も全世界から来ている。劇場には世界へ向かった扉があるということなのです。だから久留米につくった劇場から、久留米の良さも全世界に発信しているのです。

まず、〈ザ・グランドホール〉ですが、ホールで何を上演するか、何が到達目標として適正かについて考えてみました。公共劇場に対しては、「多目的」と言われた時代がある一方で、「多目的は無目的」とも言われていました。クラシックコンサートができて、日舞ができて、バレエやオペラができて、ミュージカルもできて、2000人規模の集会もできて、と。それが劇場がもつ役目だという「多目的化」が言われるようになってきましたが、実際には非常に難しい。例えば音響の残響は、芝居の場合は1・0秒がいい。それが言葉が明瞭に伝わる残響の数値。でもクラシック音楽の場合は2秒とか2・4秒くらいなのです。オペラはその間にあって、1・4秒とか1・6秒くらい。残響だけでもこれだけ違ってくるのです。もうひとつ、反響板を構成したときに舞台の高さが2・5倍くらい要るんです。つまり、中がすべて楽器庫だという考え方ですが、それがエアボリュームを含めて問題になるのです。

上／多目的の〈ザ・グランドホール〉。能舞台を設置したヴァージョン　下／客席との距離が近い〈久留米座〉

〈ザ・グランドホール〉で最低限オペラをするためにどんな方向性があるのかを考えると、舞台のタッパ（高さ）は30尺がオペラの基本になります。しかし、同じホールで日舞や歌舞伎を上演する場合は15尺になるので倍違います。そこで、どれも可能になるには、どうするべきかという議論が起き、やるためにはブリッジ機能が必要になるんです。照明器具を吊るバトンがあり、人間がそれにアクセスできる機構をブリッジといいます。美術家にとっては、ブリッジがあるために、美術用のバトンの制約ができる。舞台美術のほうは自由な空間をつくりたいのに、照明のほうがそんなひどいことをするのは何事かと、ブリッジとバトン論争はずっと続いています。ブロードウェイシステムは全部バトンです。25〜30cmピッチで前から後ろまである。演目に合わせて、バトンを舞台美術が使い、照明も使う。それがいいに決まっています。ではなぜ〈グランドホール〉ではブリッジにしているかと言いますと、2つ理由がある。ひとつは舞台がデコボコしたものになったときに、吊っている照明をどうやって合わせるか、その作業をどうやるかです。ブロードウェイでは、空いているバトンにゴンドラを吊ってそこからアクセスします。仕込み期間が3ヶ月くらいありますから。でも日本の実情では、朝に劇場入りして、夜に本番をするのがざらです。もうひとつは、稽古中に役者の立ち位置が一歩変更になったら、最初に設定したスポット位置を変えなければなりません。ブロードウェイは稽古を止めて、作業をします。バトンを上げたり下げたり、時間をかけて。これも日本の実情に合いません。ブリッジは確かに美術家には評判が悪いのですが、照明の意味合いが舞台美術の一環で、光を使った舞台美術デザインの分野まで入ってきている時代に、ブリッジのある劇場でも、クオリティの高い美術表現はできると考え、ブリッジを採用しました。

〈久留米座〉の概念は普通で、ここも日舞をすることがあるので、花道をどうするか、同時に見切れ線はどうするかという問題があります。またこのホールは観客との距離が近い。タッパは18尺がちょうどいい。そうなるとバトンとバトンの間が近いので、ブリッジを採用するとバトン4本分くらいつぶれてしまうので、ここはバトンにしました。自由度をもって脚立やジニーで作業していこうと。いろいろな演目がある可能性がありますから。

〈Cボックス〉は僕が参加した時点でLEDをメインにしようとしていました。全世界的にLED化の方向は避けて通れません。また従来の劇場の照明設備は、「1ディマー1スポット」という考え方になっていて、14～15年前からこの概念は浸透してきましたが、すべての調光設備をこの考え方で揃えると過剰投資になります。年に数回しか使われないのに、そのためにすごくお金がかかっていたのをやめたくて、移動型調光器を進めたのです。これからは移動型調光器の時代になると。

LEDをメインとした〈Cボックス〉

LED導入のハードルと利点

今、劇場の照明の考え方はフレキシブル対応がいいという方向になり、5年程前からそれが基本になりました。で、そのことが副産物を生みました。それがLEDです。LEDは直電源があればいいんです。将来的に直電源になってLEDをコントロールすることになってくると、今まで使っていたディマーは必要なくなる。それに伴って移動型調光器を推進したことが、劇場設計の基本ベースになれたんです。しかし、実際にはLED機材がプロ対応になっていない現実があります。LEDは何年後に劣化するかわからない、未知数なのです。それから光のつくり方が根本的に違う。そして、1台ずつの点灯と消え方が良くない。それと、輝度が強い。目に突き刺さるような強さです。このように、いろいろなハードルを越えなければなりません。

ただ、劇場が今、基本的概念で、インフラ整備として直回路をもつという考えを、移動型調光器のおかげで皆に共有できた。将来すべてがLEDになるときには、すべてがクリアになっていると思います。

もうひとつの問題は、チャンネル数です。従来は850チャンネルくらいだったのが、フルカラーのLEDになると5000とか10000くらい必要になり、制御の概念の全く違うものを入れていかなければいけません。ここでもそれを導入しました。光通信を入れたりする時代なのです。

そして、日本は電気事情がひどすぎるのです。フォッサマグマ（地溝帯）のラインで、サイクルが50Hzと60Hzに分かれているために、昔は関西から関東にくると電機製品が使えませんでした。それから100V。これがとても電球の発光効率が悪いのです。ヨーロッパは昔から200とか214Vです。韓国でさえ全部200Vに変わりました。日本は機器の開発をしても、世界ユースでないために、1個つくるのに異常に高額になる。全世界に売れれば安くなるだろうけど、それもできないし、検証もできない、次に行けない。ずっとジレンマだったのです。ところがLEDは直電源で100V以下なので、全く問題ない。サイクルも問題ない。LEDによって、日本も電気事情に関する足かせがやっと取れるのです。別の話になりますが、僕はデザインでムービングライトをよく使うのですが、100Vしか使えないときは変換して使っていました。すると光特性や安定性が良くないのです。外国製機材は200Vのほうがいいので、今はみんな200V。ここでも200Vも使えるように用意しました。

次世代が育つインフラとしての劇場

光というのはすごく身近なものだけれど、光を意識した生活はしていない。照明の仕事は、光と影をどう考えるか。明るさ、角度、色をどう考えるか。もうひとつは、例えば写真が100枚あるとするなら、写真1から写真2へ変化していくのが照明の仕事になるのです。時間を共有するということが、舞台がもつ特性です。だから、演出家と近い関係にあります。

もうひとつ重要なのは、2時間の作品なら2時間、観客と対話しながら過ごすことです。過ごした時間の先に喜び・悲しみのメッセージを受け取り、観に来て良かったと感じてもらうことが大切なのです。照明はキュー（きっかけ）に沿って、（設定した時間が）30秒なら30秒で明かりを変化させる。その変化する場面を共有することで、観客に何をわたすかということが、照明がもつ、もうひとつのことであり、それをどう考えるかが、劇場にとっての使命にもなるのです。

客席から隔離されたオペレーターの技術室は、本番はそれでいいですが、客席で演出家と一緒につくっているものが、（場を共有していないと）軸が微妙に変わるとか、それはガラスがあるだけでもうわからない。空気が微妙に変わるのを伝達するために、明かりをつくったり、舞台稽古であったりを一緒に共有しない限り、次の世代は育たないのですよ。だから信さんが劇場のなかで劇場人をつくるという考えを大切にしています。スタッフを育てていくインフラとしてもこの劇場は対応していると思います。

僕は、作品のクオリティを、感動を与えるものに仕上げたい。それは、その作品にどのくらいのエネルギーがあって、どれだけいいものかということを見た人間に伝えることです。それと、そこに集まった人間、関係者を含めた人間が成長していく場の提供者でありたいと思っています。次世代を見通した作品をつくるという行為を通じて同時にスタッフをつくっていく。劇場ができるときには、山ほど課題はあるけれど、いいものにするのが責務だと思っています。（談）

舞台照明のコントロールをする調光室（ザ・グランドホール）

Closeup 音響

劇場空間に聴覚の世界をつくる「舞台音響」その技術の進化とさまざま工夫で最適な音環境を整える

談：久留米シティプラザ音響アドバイザー
渡邉邦男（舞台音響家）

建築音響と電気音響

久留米シティプラザは、私が関わってきた時間のなかで、いつの間にか3つの劇場がそれぞれに強い個性の種をもつようになり、久留米の文化とも融合して大きく進化した施設です。個性豊かな3つの劇場とスタジオや展示室を結ぶ六角堂広場まで、まちとつながった久留米シティプラザで日々さまざまシーンが繰り広げられていると思うとワクワクします。

劇場の音響には「建築音響」と「電気音響」といわれるものがあります。建築音響は文字通り劇場という建築物がもつ音響性能のことで、舞台からの音が個々の客席に伝わるとき（直接音）、壁や床や天井に反射してできるさまざまな「響き」（低音や中高音の周波数特性や残響音、残響時間など）が「直接音」と混ざり合って初めて劇場やホールの「音」（建築音響特性）になるのです。この反射から生まれる音の響きは複雑で、舞台装置や幕類が「残響時間」や「明瞭度」に与える影響は大きく、電気音響のアドバイスをする私も含め、演目ごとの確認やシミュレーションが必要になるでしょう。また、観客の人数や季節による服装の変化なども残響時間や明瞭度に多少の影響を与えます。

当然、客席の位置によっても変化しますが、この判断は良い意味での主観的な好みや感覚が中心になるので、それぞれのホールに何度も足を運んでいただき、生の音の微妙な違いを感じて、生の音の響きに感動してもらう以外に手はありません。

この建築音響の良し悪しがホールの音の生命線になるのですが、シティプラザの3つのホールは、音像に定位感もあり、落ち着いたとても良い響きになっています。

2016（平成28）年3月6日には、〈ザ・グランドホール〉と〈久留米座〉を満席状態にした試験演奏会がありました。そのときの空席時と満席時における音響特性の計測結果が報告されています。

〈ザ・グランドホール〉の音響調整室

〈ザ・グランドホール〉
〈反射板形式：大編成〉
空席〈残響時間〉：2・17秒
満席〈残響時間〉：1・82秒
〈久留米座〉
空席〈残響時間〉：0・98秒
満席〈残響時間〉：0・87秒

ホール音響の新しい技術と進化

生音の「建築音響」に対して、電気仕掛けで音をコントロールするのが「電気音響」です。

マイクとスピーカー以外の電気音響システムはここ10年くらいでほぼすべてがデジタル化しています。劇場やホールの音響技術スタッフやオペレーターは、建築音響と電気音響をうまく融合させながら「舞台音響」として、劇場空間に聴覚の世界をつくっていきます。そのサポートをするために、各ホールに最適な音響設備を選び、調整卓やマイクやスピーカーなどを組み合わせて音を拡声・録音すること。録音された音楽や効果音・ナレーションなどを編集して再生すること。スピーカーを効果的に組み合わせてコントロールすること…などがスムーズに行えるシステム環境を構築し、一部では無線LANによるコントロールも可能にしています。

さらに、久留米シティプラザ全体にオーディオネットワーク伝送方式を採用して、音響ブースを拠点としたスター型の二重化ネットワークを構築しました。そのため、LANケーブルでのデータ受け渡しを音響ブース経由でリアルタイムに行える環境が整い、各ホールのデータを〈六角堂広場〉へ伝送することも可能になっています。

〈ザ・グランドホール〉

ホールで行われる演目で言えば、クラシックコンサートのように残響が豊かなほうが良い演目と、講演やミュージカルやオペラのように、言葉や歌詞が明瞭に伝わるような響きが求められる演目があります。このため〈ザ・グランドホール〉では、照明や吊り物による演出効果

上部に設置されている昇降可能なすべての吊り物を格納した状態。オーケストラの演奏会形式

音響反射板を使った形式の〈ザ・グランドホール〉。上部には昇降可能なラインアレイ方式のプロセニアムスピーカーや照明バトン等、すべての吊り物が現れている

を犠牲にしてでも、残響時間を長くして音の響きを豊かにするために、音響反射板を使う「反射板形式」と、反射板を格納し舞台のバトン機構がすべて使える「幕設備形式」の両方を満たす設備が設置されています。この「反射板形式」と「幕設備形式」では劇場空間の音の密度がガラリと変わるので、2つの顔をもつホールということになります。

L/C/Rの3基（各5台）のラインアレイで構成したプロセニアムスピーカーは、すべて電動で可動するワイヤードラムで吊られていて、最適なポジションへ降ろすことができます。また、反射板形式では3基のプロセニアムスピーカーを引き上げて、完全に隠すことができます。

しかし、反射板形式で行うコンサートの演目で、電気音響を全く使わないかというと、そんなことはありません。場内アナウンスや司会、ときには指揮者の解説が入ることもあるでしょう。その場合には、ワイヤレスマイクやスピーカーを使うことになりますが、幕設備形式より残響時間が長くなり、スピーチの明瞭度が落ちてしまいます。

反射板形式と幕設備形式の両方で、アナウンスや司会や解説を最適な音量と明瞭な音質で伝えるために、スピーカーのデータをそれぞれの形式で設定できるシステムになっています。

〈ザ・グランドホール〉の客席は4階層でサイドバルコニーは5層に分かれています。

言葉で説明するのは難しいのですが、客席側のスピーカーは補助を入れると61台あります。根気のいるデリケートな作業でしたが、プロセニアムスピーカーがある場合とない場合を想定して、メインスピーカーで補いきれない階層や客席をすべて探り出し、遅延を合わせ、音量や音質を細かく補正しています。

〈久留米座〉

舞台から客席最後部までの距離が短く、若干横の幅がある劇場なので、演目によっては音像定位を考慮したきめ細かなスピーカーシステムの調整とオペレートが必要だと思います。

〈久留米座〉のメインスピーカーは、プロセニアムセンターに昇降式のラインアレイスピーカーが1基（6台）。サイドスピーカーは上手と下手に昇降式の同軸スピーカーが1台ずつあり、1階の舞台側桟敷席上部に吊るしてあります。

舞台框のすぐ下には5台のステージフロントスピーカーと2台のサブウーファー

〈久留米座〉。サイドバルコニー席の前の手すりの中に「アナコンダ」を仕込んである

が設置されており、客席最前列の中抜け防止と音像定位にひと役買っています。

1階席の両サイドには洒落た桟敷席があり、2階席は上手と下手の両サイドに2列、正面奥に1列の椅子席があります。この2階のサイドバルコニー席2列がプロセニアムスピーカーのカバーエリアから外れているので、サイドバルコニー席の手すりの中に、太いロープのような不思議な形の補助スピーカーを埋め込んで、音像の定位感と明瞭度を稼いでいます。

〈久留米座〉の客席には、ウォールスピーカーが12台とシーリングスピーカーが4台設置されています。メインスピーカーや他の仕込みスピーカーとも自由に組み合わせができるので、イメージを超えた音の表現が可能になると思っています。

〈Cボックス〉

ここはブラックボックス型のスペースで、すべてが可変的です。使う人が自由に床の高さやカタチを変えられます。また、通りに面した北側は全面ガラス張りなので、遮光ブラインドを開けて床面をフラットにすると洒落たパーティ会場に変身します。

音響では、スピーカーをどこに仕込むか、電源やコネクターをどこに隠すかが大きな問題でした。常設のスピーカーが少ないと仕込みバラシをする音響スタッフに負担がかかるので、あれもこれも隠しておきたい。何ができるだろうと、設計スタッフや他の技術アドバイザーといろいろ話をしているうちに、回廊風にデザインされた24本の柱に秘密のコンセントや電源を隠してつなげるようにしようというアイデアが生まれました。残念ながら音響のコネクター類は構造的に無理があってやめましたが、スピーカーはパーティ会場になっても大丈夫なように、シーリングスピーカー6台とプロセニアムスピーカー2台を常設にしました。コネクターや電源はギャラリーから柱沿いに降ろして使うことにしました。

舞台技術スタッフを育てる

3つのホールとスタジオに会議室、そして広場。これだけ大きな施設では日々のスケジュールをこなすことで精一杯になり、ともすればスタッフを育てる余裕が無くなってしまいますから、スタッフの人員確保や配置には十分な配慮が必要です。

施設に命を吹き込むのは、日々の運営や管理を行っているスタッフです。指導的立場の技術スタッフが若いスタッフとともに同じ現場の仕事をして、仕込みやオペレート技術を観察して指導することも手本を見せることもできるのです。

音を聴き、表現する感覚や技術は、舞台稽古や本番のなかで磨かれ、伝承されていくものです。若いスタッフの傍らにベテランスタッフが座っていられる環境をつくることがとても大切です。人を育ててこそ施設が生き生きと輝いてきます。自分たちで研究会や講習会を開き、それが他の劇場スタッフとの交流の場に発展することを願っています。

久留米シティプラザで、新しい舞台作品を創る喜び、表現する喜びを味わい、伝えることができれば、まちの人々で賑わい、久留米の文化や芸術の中心になる活気に満ちた施設になると思っています。

（談）

最適な舞台設備の導入と運用

久留米用に最適な仕様・設備を導入

久留米シティプラザの3つのホールは、単に客席数や舞台間口といった基本スペックの必要性だけでつくられたのではなく、具体的な空間のコンセプトや方向性がしっかりとしたものとなった。

わかりやすい特徴で言えば、例えば各ホールの「高さ」だ。単に高くするということではなく、各ホールのコンセプトや意図から生まれたプロポーションであり、高さである。〈ザ・グランドホール〉は、4階席まであり、舞台は床面から一番上のすのこまで32mの高さを有する。その高さを活かして、オペラやミュージカル、バレエにも向いている。〈久留米座〉も、それまで久留米にはなかった舞台機構が充実した中規模ホールであり、客席を399席に抑さえ、どこからも観やすく、高さも十分である。これらの特徴から、このホールが一番得意とするのは演劇である。現代劇はもちろん、客席の両サイドを桟敷として本格的な花道もつけられるので、日舞や歌舞伎などの和物も似合う。〈Cボックス〉も高さが7・2mあり、〈世田谷パブリックシアター〉のシアタートラムに比べても高い。〈ザ・グランドホール〉のリハーサル室にもなる他、さまざまな用途に活用できる。高さ以外にも、日本のホールの舞台床は木製の横張りが多いが、それはなぜなのか起源も調べながら縦張りにしたり、隅々までこだわった仕様となっている。

設備についても、専門アドバイザーの参加が、大きく変化する舞台設備の流れのなか、高いレベルのものを実現した。市の担当者は、次のように話す。

「服部基さんが言う（182p）〝クオリティとトレンド〟を大事に、各分野の第一人者に久留米という立地条件も含めて一生懸命考えていただきました。また設備機器の施工者も良く応えてくれました。例えば、照明のメイン操作卓は、イーサネットで全照明機器と接続される最新式で、モデル名が「F506 KURUME」と命名されました。音響のメイン操作卓は、シリアルナンバーが「0001」です。つまり、単にハイスペックの既製品にしたのではなく、久留米用に最適なものを導入できました。音響設備は九州では一番良いもので、日本でも十本の指に入る。舞台設備と照明も、それくらいのレベルだと思います」

さらに、〈ザ・グランドホール〉の舞台の床には、配線コードが這ったりしないように、配線ピットという溝が掘られ、コード類をしまえるようにしている。また、〈ザ・グランドホール〉と〈久留米座〉のすのこ上の作業空間は、作業効率が上がるよう黄色くペイントしてもらったという。そして照明には、LEDを導入。しかし、LEDは個体差が大きく微妙なばらつきがあり、舞台照明の機材に比べてコントロールの精度がまだまだ遅れていることから、一度全部の機材を集めて実験をし、使い物にならないものは変えるなど、検討・変更を行ったという。ホール客席の照明は、建築照明チームの計画ではすべてLEDの予定だったが、〈ザ・グランドホール〉は中心となる照明をハロゲンに、間接光をLEDとした。〈久留米座〉と〈Cボックス〉の客席の照明はオールLEDとした。ちなみに、展示室とスタジオ、それから〈六角堂広場〉もすべてLEDとなった。

黄色くペイントされたすのこ上の作業空間

後進の育成には技術習得とデザイン論を

導入した機器の使用方法を習熟し、十分な性能を引き出すための準備段階を経て、次は舞台技術スタッフの育成にも力を入れていくことが考えられる。

専門学校を出て舞台スタッフになる人はいるが、結局は、現場での経験が何よりも後進を育てる。機材やシステムの進歩も大幅に進んでいる。一方で、技術を覚えるだけでなく、デザイン論も必要だと担当者は言う。

「例えば、現在活躍する照明デザイナーの話を聞くなりして、そのデザインを分析し真似をしてみるとか、日本には歌舞伎など独自に進化した伝統芸能も存在するので、その分析と比べるとともに、現代に即したデザイン論を立ち上げ、それを教えていけないだろうか」

新しい時代にマッチした新たな教育方法で、地方のホールが提供できる舞台技術の教育普及について、言わば実験的、先駆的試みが久留米シティプラザからはじまる。

Column 2

ピアノはホールとともに生きる

文：音楽家・久留米シティプラザピアノ選定者　野平一郎

〈ザ・グランドホール〉には2台のフルコンサートピアノがある。一台は世界最高峰といわれるスタインウェイ、もう一台は日本が誇るヤマハのグランドピアノである。これらのピアノを選定したのはピアニストであり作曲家の野平一郎氏だ。フランス文化庁やドイツ交響楽団、国立劇場などからの委嘱作品があるなど世界的に活躍し、現在は静岡音楽館ＡＯＩ芸術監督および東京芸術大学作曲科教授でもある氏に、久留米シティプラザのピアノの選定理由について寄稿いただいた。

久留米シティプラザのために、ピアノを選ばせていただいた。スタインウェイとヤマハである。ピアノという楽器は現在では工場で生産される規格品というイメージがあるが、実は一台一台まったく違う。それぞれ個性的であり、その各々に特徴がある。手工業とまでは言えないが、一台一台職人が丹精をこめてつくり上げたものだ。そうしたピアノのなかからホールに合ったものを選ぶというのは、なかなか難しい仕事である。ピアノを選定した時点でホールはまだ完成していない。ホールの実際の音響のなかに楽器を置いて選ぶことはできないのだ。したがって、まず選定者がなすべきことは、これから「良い楽器として育って行くであろう」ピアノを選ぶということになる。正に「素性の良い」ピアノを見い出そうとするわけだ。所謂「素性の悪い」ピアノは、その後誰がどのような努力を払おうと、良い方向に転換することはまずない。

選定については、まずホールの可能性について思いをめぐらすことが必要となる。ピアノは一体コンチェルトのソリストが多く使うのだろうか。それとも小さなホールで主に室内楽やリサイタル、リート・アーベントに用いられるのだろうか。すでに選定の時点で「花が開ききった」ピアノに出会うことがある。明

〈ザ・グランドホール〉に置かれたスタインウェイ

久留米シティプラザのオープン前にスタインウェイを自ら奏で、音を確かめる野平一郎氏

日からでもそれをオーケストラの前に置いて、チャイコフスキーやラフマニノフのコンチェルトが十分に鳴らせるようなそれである。しかしその同じピアノを200〜300人くらいのキャパをもつ場所にもってきたら、鳴りすぎでうるさく感じられるだろう。また、これから長年にわたって使われることも考慮しないとまずい。先に書いたような、すでに「花が開ききった」ピアノではなく、まだ「つぼみ」ではあるが、これから大輪の花が咲くであろうピアノを、想像しながら選ばないといけない。ここまでをまとめると、「とても素性が良い」ピアノであり、まだ鳴りきってはいないものの、これからいろいろな人にいろいろなプログラムで使われることによってこそ、最良のピアノとなっていくであろう、そんなピアノを選ぶ、ということになるのである。

したがって、ある意味でピアノ選定は、一種の「賭け」である。なぜならピアノが「生きてゆく」のは、実はこれからであり、いくらホールこけら落としの時点で良い状態のピアノでも、それから何年、何十年とホールと、またそこを利用する演奏者と良好な関係を保っていけるかどうかは、ひとえに「選定後」にかかっているのである。ピアノは、ホールとともに生きてゆく。そう、正にピアノは「生き物」であり、ホールの音響、そこで弾くピアニストの要求、調律師の微調整等々が絡み合って「成長」するのであり、そのホールになくてはならない楽器として成長していくのだ。選定というのは、まずはそうした可能性をもったピアノ、そうした可能性を限りなく想像させるピアノを選ぶのだ、ということだ。どのように良いピアノでも、所詮目的は音楽であり、演奏者が望む最も音楽的な状況を見い出す道具にすぎない。すべては音楽家の耳、指、腕、体、そしてそれらを集中管理する「頭」が最適なピアノの状況をつくり出すのである。

ヤマハCF-X（日本）。理想的な音を実現するためにヤマハの伝統ともてる技術のすべてを投入してつくられた。世界ピアノコンクール等でも使われている

スタインウェイD274（ドイツ）。12000個ものパーツを用いて職人たちが約1年をかけてつくる。国内外の著名な演奏家らにも指示されている最高機種

付資料

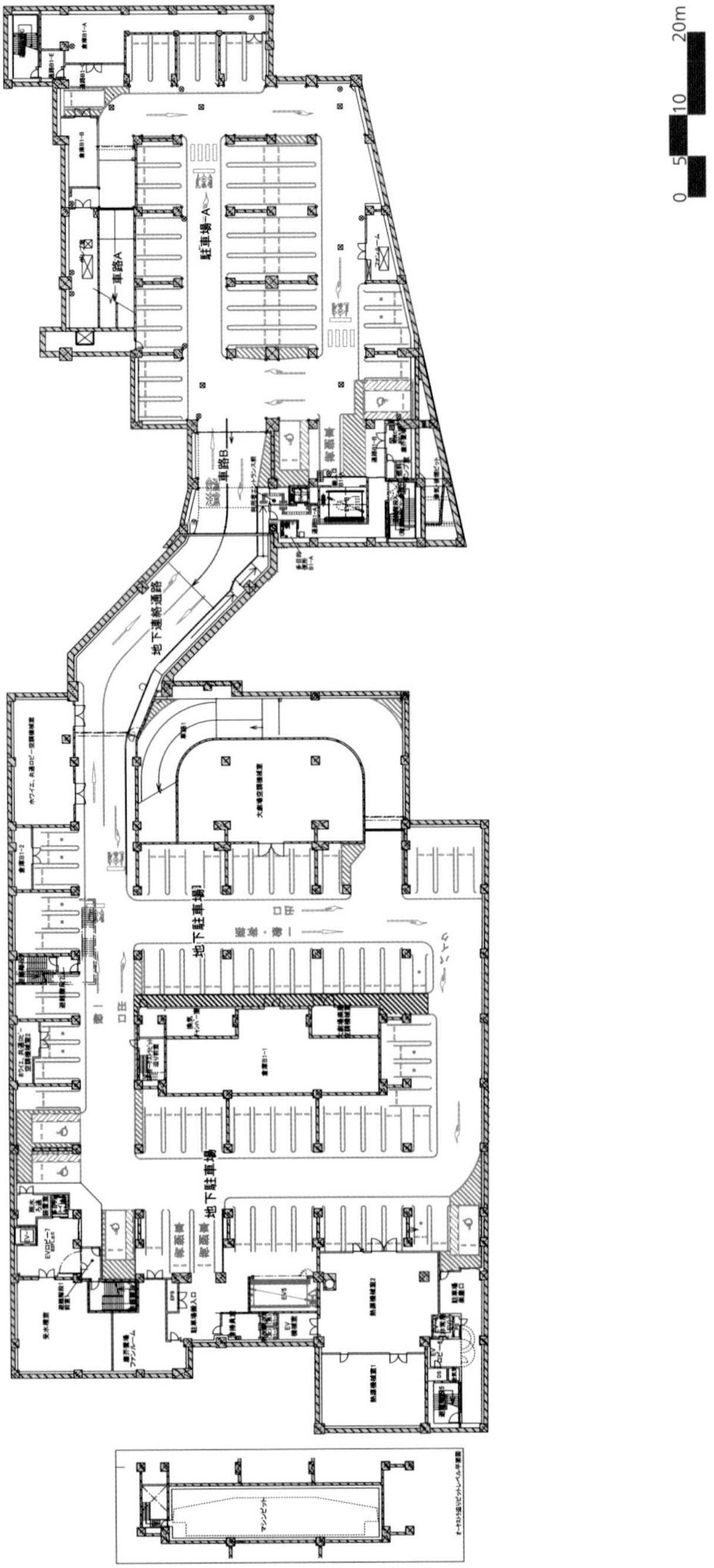

B2階平面図

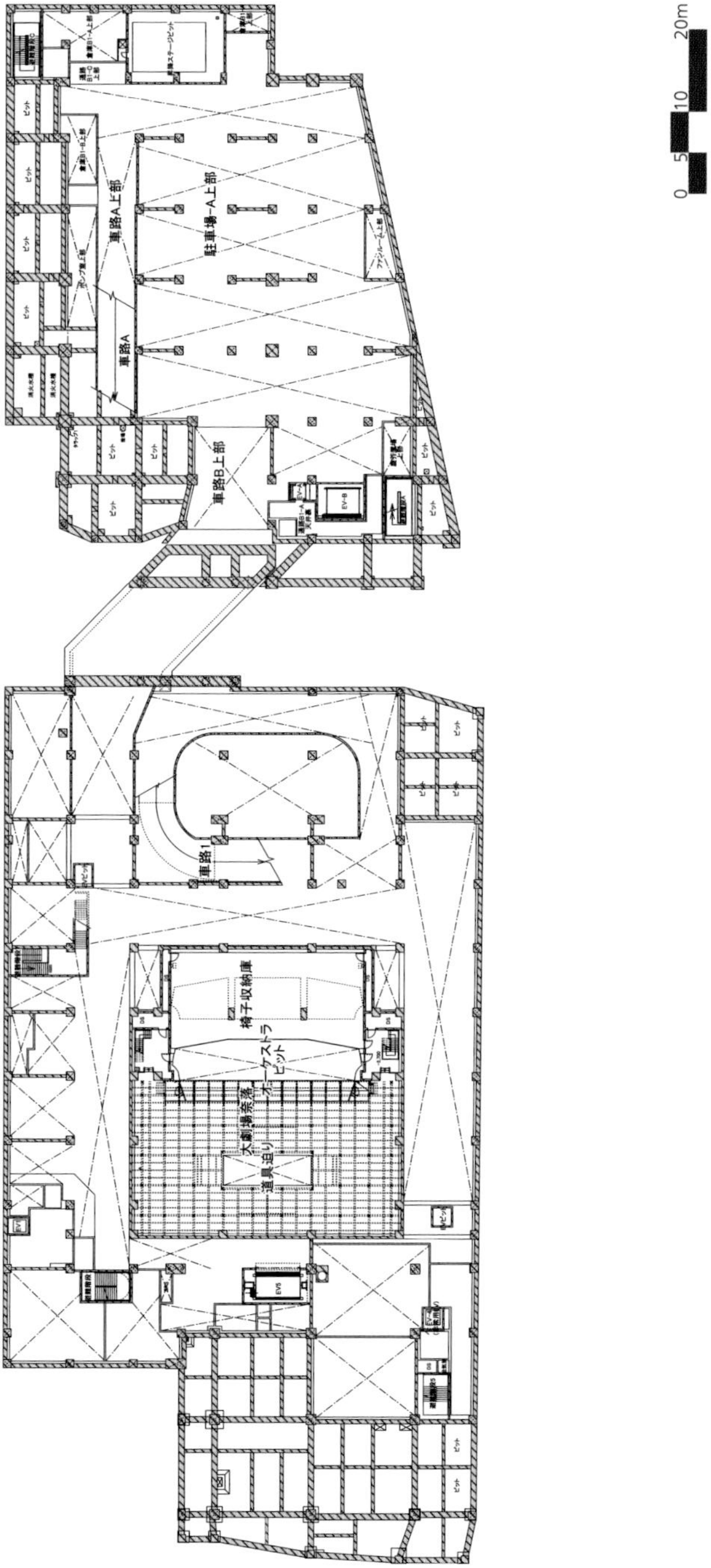
駐車場-A上部
車路A上部
車路A
車路B上部
車路1
椅子収納庫
オーケストラピット
大劇場奈落
道具迫り
0 5 10 20m

B1階平面図

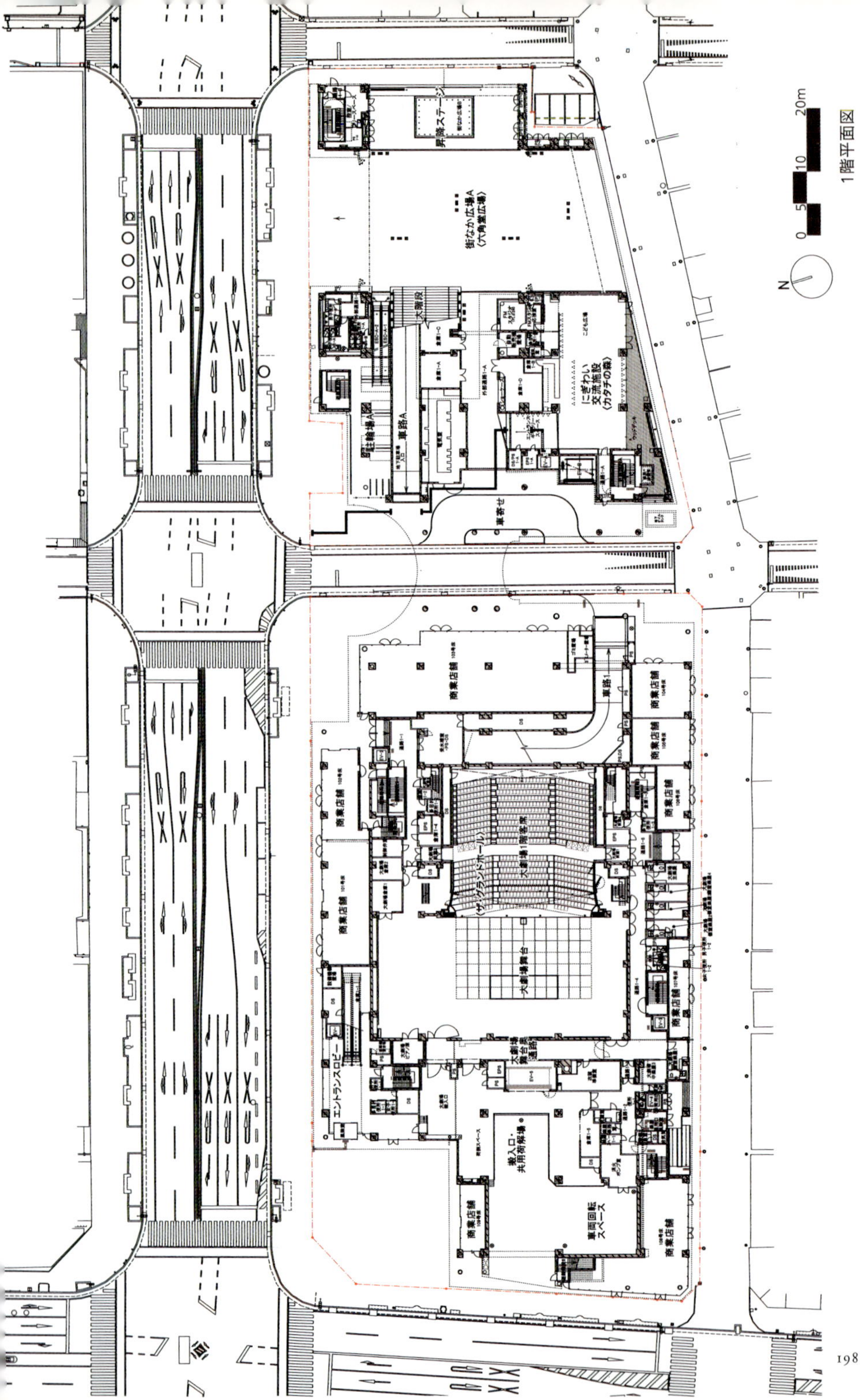
昇降ステージ
街なか広場A
〈六角堂広場〉
大階段
車路A
駐輪場A
にぎわい
交流施設
〈カタチの森〉
こども広場
車寄せ
商業店舗
車路1
大劇場1階客席
〈ザ・グランドホール〉
大劇場舞台
エントランスロビー
大劇場
舞台裏
通路
搬入口・
共用荷解場
車両回転
スペース
N
0
5
10
20m

1階平面図

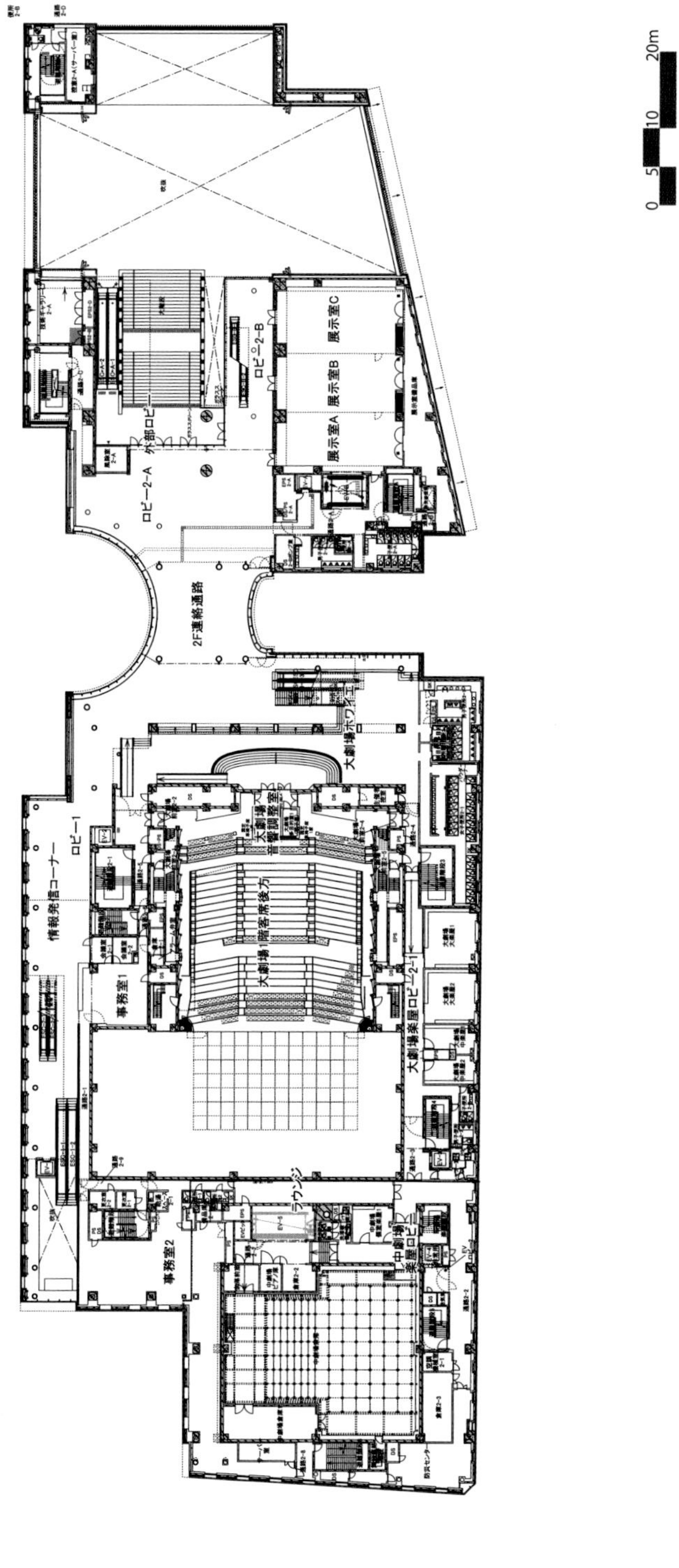
ロビー1
情報発信コーナー
事務室1
事務室2
大劇場1階客席後方
大劇場音響調整室
大劇場ホワイエ
大劇場楽屋ロビー2-1
ラウンジ
中劇場楽屋ロビー
2F連絡通路
ロビー2-A
外部ロビー
ロビー2-B
展示室A
展示室B
展示室C
0 5 10 20m

2階平面図

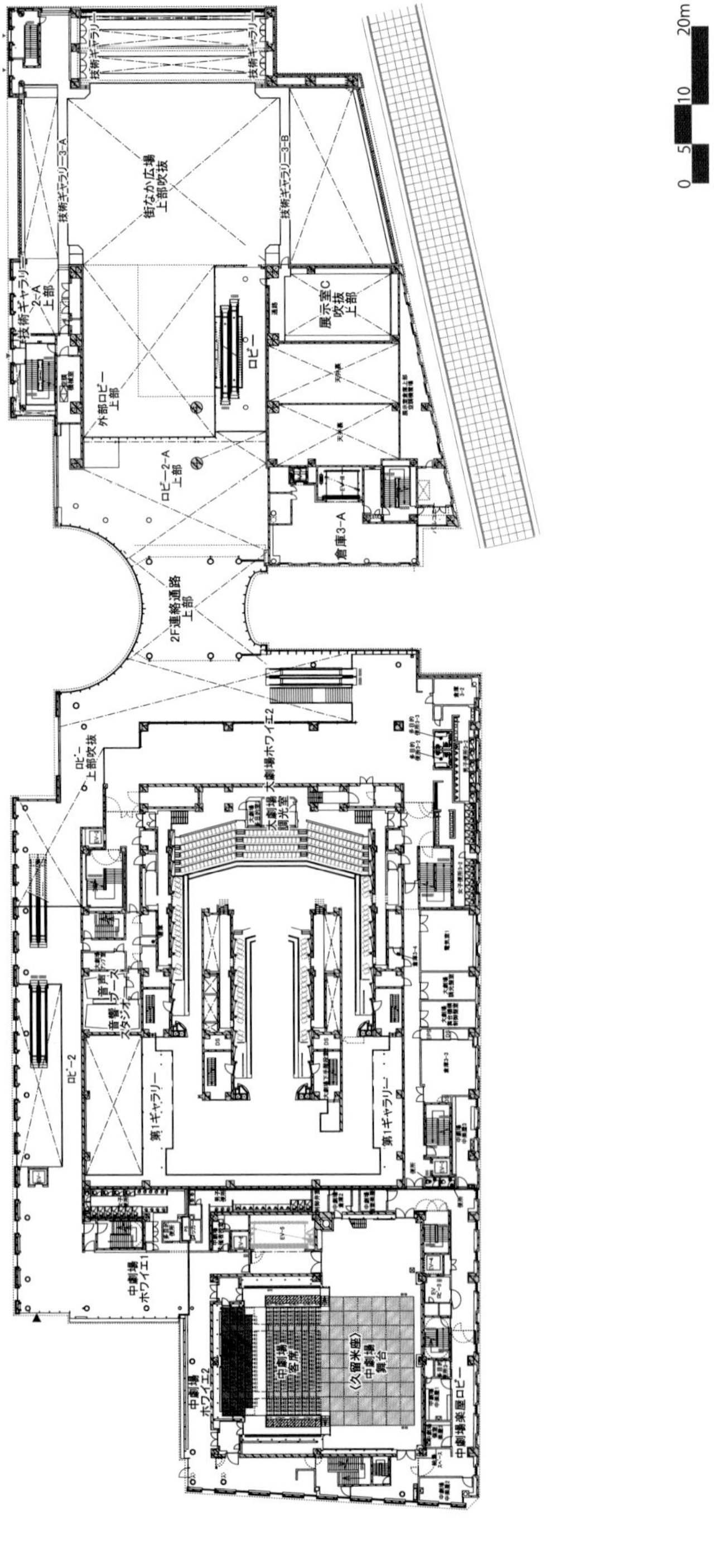
0 5 10 20m
技術ギャラリー
技術ギャラリー3-A
街なか広場上部吹抜
技術ギャラリー3-B
技術ギャラリー2-A上部
展示室C吹抜上部
ロビー
外部ロビー上部
ロビー2-A上部
倉庫3-A
2F連絡通路上部
ロビー上部吹抜
大劇場ホワイエ2
大劇場調光室
音響スタジオ
第1ギャラリー
ロビー2
中劇場ホワイエ1
中劇場ホワイエ2
中劇場客席
〈久留米座〉中劇場舞台
中劇場楽屋ロビー
3階平面図

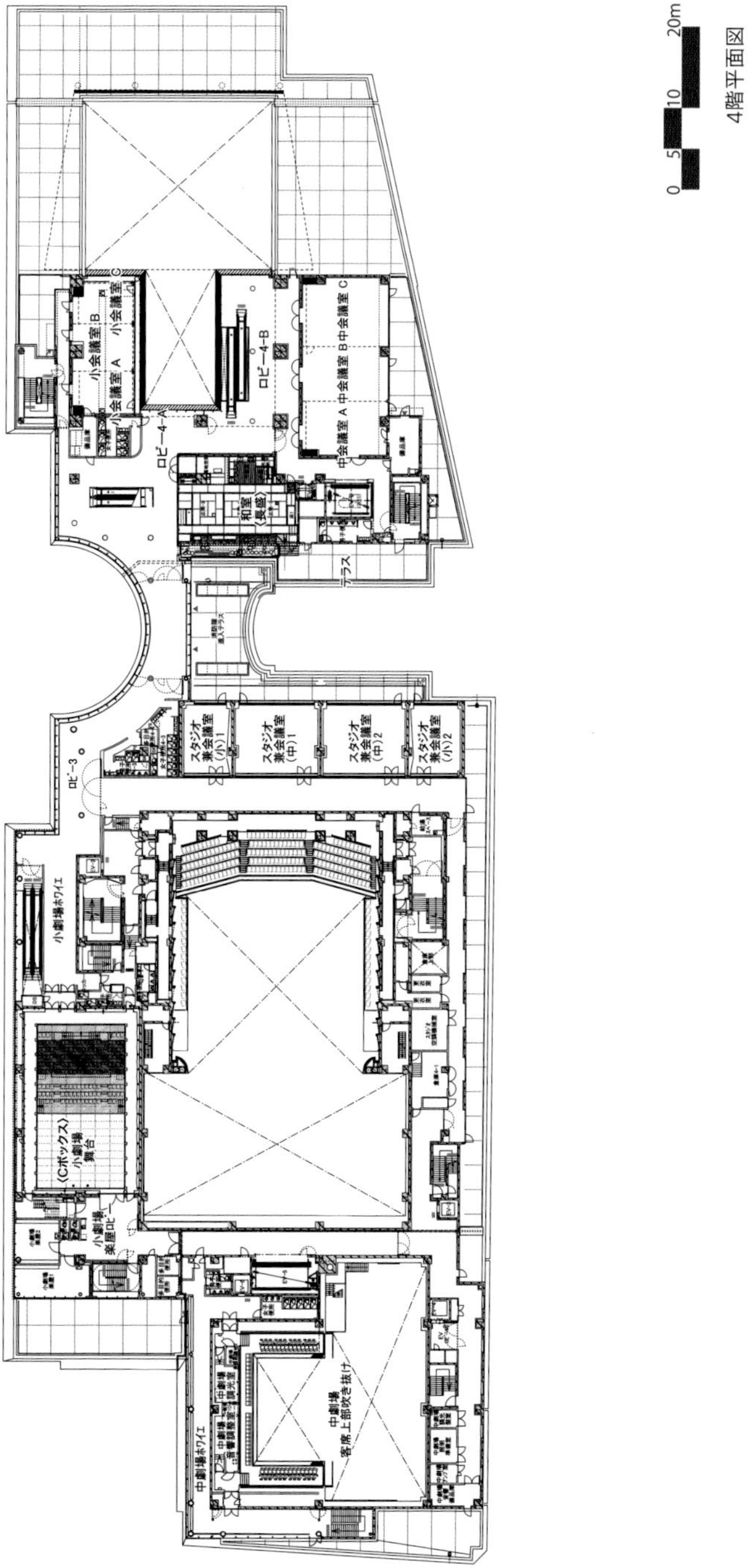
0 5 10 20m
4階平面図
小会議室A
小会議室B
小会議室C
ロビー4-A
ロビー4-B
中会議室A
中会議室B
中会議室C
和室〈長盛〉
テラス
ロビー3
スタジオ兼会議室(小)1
スタジオ兼会議室(中)1
スタジオ兼会議室(中)2
スタジオ兼会議室(小)2
小劇場ホワイエ
〈Cボックス〉小劇場舞台
小劇場楽屋ロビー
中劇場ホワイエ
中劇場客席上部吹き抜け

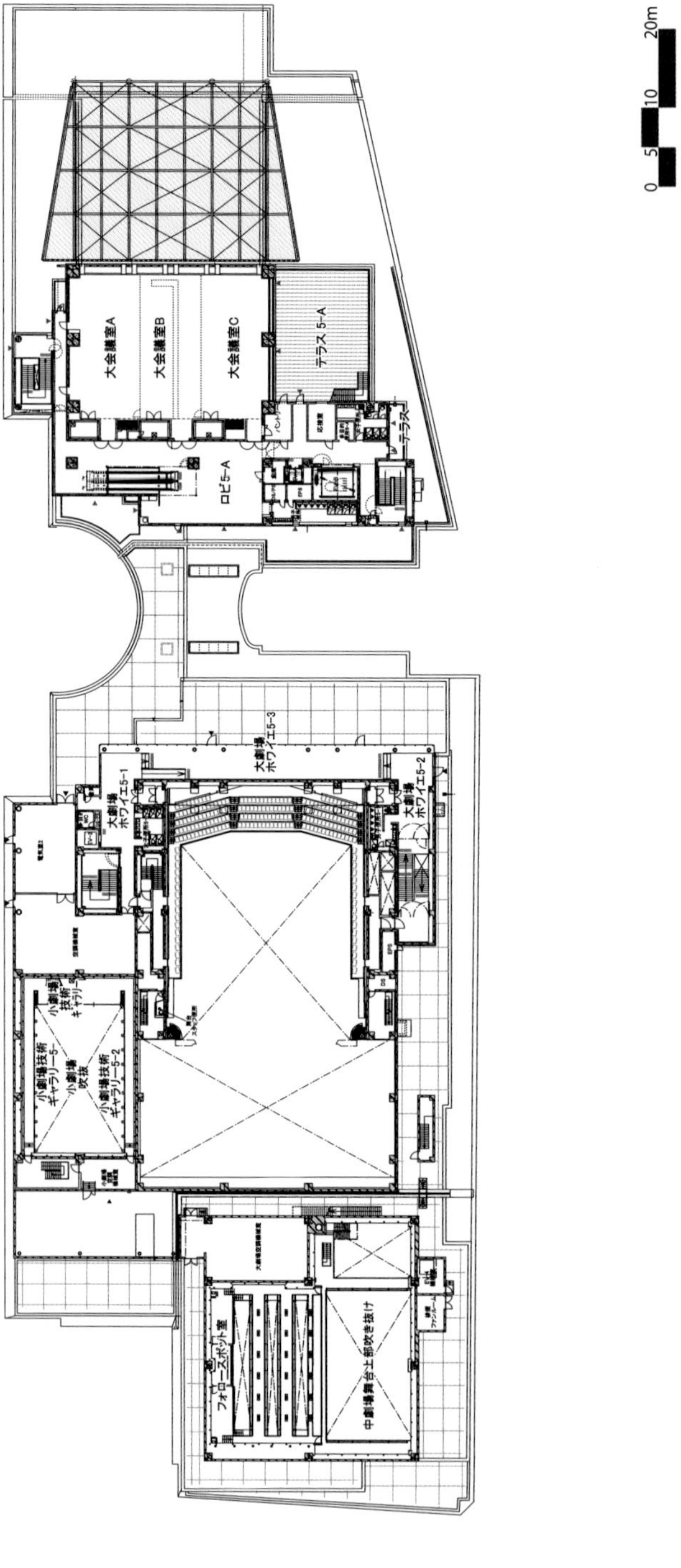
0
5
10
20m
大会議室A
大会議室B
大会議室C
テラス 5-A
テラス
ロビー5-A
大劇場ホワイエ5-3
大劇場ホワイエ5-1
大劇場ホワイエ5-2
小劇場技術ギャラリー5-1
小劇場吹抜
小劇場技術ギャラリー5-2
フォロースポット室
中劇場舞台上部吹き抜け

5階平面図

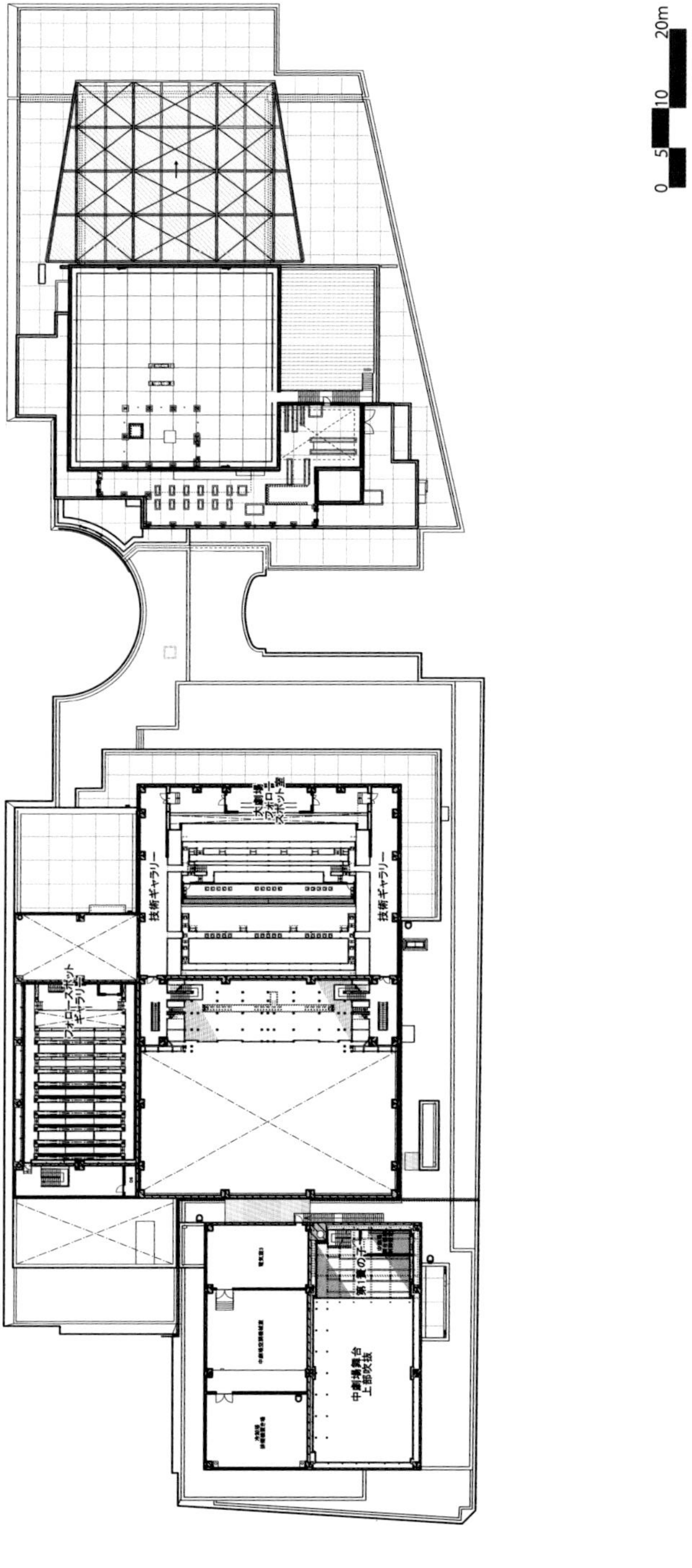
0 5 10 20m
大劇場ウオールスポット室
技術ギャラリー
技術ギャラリー
フォロースポットギャラリー
中劇場舞台上部吹抜

6階平面図

設計概要

〈8番街区〉

建設地	福岡県久留米市六ツ門町8番1～34		
主要用途	劇場、店舗、自動車車庫		
敷地面積	6,815.92 ㎡		
構造	SRC造・RC造・鉄骨造	階数	地下2階　地上6階
構造形式	ラーメン・壁	建物高さ	最高高さ 40.15 m　最高軒高 39.13 m
基礎	杭基礎		
建築面積	5,944.65 ㎡	建ぺい率	87.22 % ≦ 許容 100 %
延面積	23,718.44 ㎡	容積率	293.42 %（対象面積 19,998.62 ㎡）≦ 許容 500%
床面積	各階	主要用途・備考	
	B2階　4,885.04 ㎡	駐車場・各機械室	
	B1階　536.25 ㎡	ホール椅子収納庫	
	1階　5,022.29 ㎡	大劇場舞台・客席・楽屋・商業施設・搬入口 等	
	2階　4,304.41 ㎡	大劇場客席・ホワイエ・楽屋・事務室・共通ロビー・上空通路 等	
	3階　3,847.18 ㎡	大劇場客席・中劇場舞台・客席・ホワイエ・楽屋・ロビー 等	
	4階　3,296.93 ㎡	大劇場客席・中劇場客席・ホワイエ・小劇場・楽屋・スタジオ・上空通路 等	
	5階　1,353.58 ㎡	大劇場客席・ホワイエ・電気室・空調機械室 等	
	6階　426.37 ㎡	フォロースポット室・電気室・空調機械室 等	

〈9番街区〉

建設地	福岡県久留米市六ツ門町9番1、9番19、9番23		
主要用途	集会場、展示場、自動車車庫		
敷地面積	3,856.44 ㎡		
構造	SRC造・RC造・鉄骨造	階数	地下1階　地上5階
構造形式	ラーメン・壁	建物高さ	最高高さ 27.72 m　最高軒高 26.97 m
基礎	杭基礎		
建築面積	3,393.11 ㎡	建ぺい率	87.99 % ≦ 許容 100 %
延面積	10,829.89 ㎡	容積率	227.11 %（対象面積 8,758.43 ㎡）≦ 許容 500%
床面積	各階	主要用途・備考	
	B1階　2,466.38 ㎡	駐車場・ポンプ室・倉庫 等	
	1階　3,260.00 ㎡	街なか広場・賑わい交流施設・電気室 等	
	2階　1,966.94 ㎡	展示室・ロビー 等	
	3階　599.42 ㎡	倉庫・空調機械室 等	
	4階　1,353.49 ㎡	中会議室・小会議室・和室・ロビー 等	
	5階　1,183.66 ㎡	大会議室・応接室・ロビー・テラス 等	

久留米シティプラザ新築工事

●設計・監理

【香山・DEN・國武・北島・ナカヤマ特定設計業務共同企業体】
有限会社香山壽夫建築研究所　株式会社DEN建築設計事務所
株式会社國武建築設計事務所　有限会社北島建築研究所
株式会社ナカヤマ・トシ設計

●工事施工

〈8番街区〉

建築工事
【鹿島・金子・大和・小林特定建設工事共同企業体】
鹿島建設株式会社　金子建設株式会社　大和建設株式会社　株式会社小林建設

電気設備工事
【九電工・川浪電気工事・西部電業特定建設工事共同企業体】
株式会社九電工　川浪電気工事株式会社　西部電業株式会社

機械設備工事
【朝日・古賀・津福特定建設工事共同企業体】
株式会社朝日工業社　株式会社古賀住設　津福工業株式会社

舞台機構設備工事
株式会社サンケン・エンジニアリング

舞台照明設置工事
株式会社きんでん　九州支社

舞台音響設備工事
ヤマハサウンドシステム株式会社　福岡営業所

〈9番街区〉

建築工事
【西松・半田・黒田・東建特定建設工事共同企業体】
西松建設株式会社、半田建設株式会社　黒田建設株式会社　東建工業株式会社

電気設備工事
【新生・久富・西日本電気特定建設工事共同企業体】
新生テクノス株式会社　久富電設株式会社　西日本電気工事株式会社

機械設備工事
【菱和・三陽・吉川特定建設工事共同企業体】
株式会社テクノ菱和　三陽ガステック株式会社　株式会社吉川製作所

写真撮影・図版提供（本文中に特記なき場合）

小川重雄

001p、144p上、145-146p、148p上、149p上、150p、151p上・下左、152p、153p下

—

大竹央祐

006-007p、012-013p、014-015p、027p、030p、034p、035p上、036p、037p下、038-039p、040p上、041p下 左・ 下 右、046p、048-049p、053p-058p、064-065p、068p、071p、073p下、075p、077p、083p、086-087p、088p左、089p、090-091p、094-098p、101-105p、108p右、109p、110p下、124-125p、128p、137-138p、140p下、143p、144p下、147p下、148p下、149p下、151p下 右、153p上、154p、157p、158p左 上・ 左 下、160p下、161-169p、170p下 左・ 下 右、171-172p、175p上・ 中、179-193p

—

早川康司

002-003p、022p、033p下、045p、047p、142p

—

久留米商工会議所

062p

—

久留米大学

066p

—

鍵岡龍門

111p下

—

株式会社カワグチテイ建築計画

155-156p

—

山﨑誠子

170p上

上記以外／久留米市

デザイン

松田行正＋杉本聖士

久留米シティプラザ記念誌編集チーム
樽川健司（久留米市）
村上千尋（久留米市）
槻橋　修（建築家／神戸大学准教授）
登尾未佳（フリーランス編集ライター）
樫原　徹（建築家／工学院大学准教授）
行成美和（甲南女子大学専任講師）
佐藤まゆり（フリーランス編集ライター）

久留米《くるめ》シティプラザからの地方創生《ちほうそうせい》
文化《ぶんか》の居場所《いばしょ》のつくり方《かた》　NDC360

2017年5月22日　発行

監修者　槻橋 修《つきはしおさむ》
編　集　久留米《くるめ》シティプラザ記念誌編集《きねんしへんしゅう》チーム
発行者　小川雄一
発行所　株式会社　誠文堂新光社
〒113-0033　東京都文京区本郷3-3-11
（編集）電話 03-5800-5776
（販売）電話 03-5800-5780
http://www.seibundo-shinkosha.net/

印刷・製本　図書印刷 株式会社

ISBN978-4-416- 61627-7